ELIZABETH MARSHALL THOMAS

ZWEI GANZ BESONDERE HIRTEN

ELIZABETH MARSHALL THOMAS

Zwei ganz besondere Hirten

Eine ungewöhnliche Weihnachtsgeschichte

Illustriert von Andrew Davidson

Deutsch von Sabine Hübner

Wunderlich

Die Originalausgabe erschien 1996 unter
dem Titel «Certain Poor Shepherds.
A Christmas Tale» bei Simon & Schuster, New York

1. Auflage September 1998

Umschlaggestaltung Tandem Design, Hamburg
(Illustration: Andrew Davidson)
Typographie Edith Lackmann, Hamburg
Lithographie Graphische Werkstatt
Christian Kreher, Hoisdorf
Gesetzt aus der Cheltenham,
PostScript, QuarkXPress 3.32
Gesamtherstellung Clausen & Bosse, Leck
Printed in Germany
ISBN 3 8052 0650 X

Für Sy

Come thou, Einion's Yellow One,
Stray Horns, the Particoloured Lake Cow,
And the hornless Dodyn,
Arise, come home.

Aus: *The Stray Cow,*
Eine walisische Volkserzählung.

PROLOG

Am ersten Weihnachtsfest, sagen die Christen, wurde ein Heiland geboren, der uns Menschen von den Folgen unserer Gier, unserer Verschwendungssucht, unseres Stolzes, unserer Grausamkeit und Arroganz erlösen sollte. Den Tieren erschien kein Erlöser; das war auch nicht nötig. Die Tiere waren schon damals so, wie Gott sie erschaffen hat, genau nach seinem Plan. Vielleicht ist dies der Grund, daß Christus manchmal als Tier dargestellt wird – schlicht und demütig, ein Opferlamm.

Folglich änderte sich durch Christi Geburt für die meisten Tiere wenig. Sie schadete ihnen zwar nicht, brachte ihnen aber – bis auf die Tatsache, daß Jesus auf einem Esel ritt und dabei dessen Rasse mit dem heiligen Zeichen des Kreuzes zeichnete – auch keinen Nutzen.

Doch es gab Ausnahmen. Einige Zugvogelschwärme, die vom Schwarzen Meer zu den überschwemmten Sümpfen des Nils unterwegs waren, zog der Stern von Bethlehem so mächtig an, daß sie auf ihn zuflogen und darum nach Osten hielten, statt nach Süden. Aber das lag an der Unerfahrenheit der

Leittiere. Irgendwann gewannen sie ihre Orientierung wieder und setzten ihren Weg zu den Winterquartieren fort. Durch den Umweg verspäteten sie sich zwar, doch sonst passierte nichts.

Außerdem bemerkte Josephs Esel auf dem Weg nach Bethlehem ein paar saftige stachlige Kaktusfeigen, durfte aber nicht stehenbleiben, um den Leckerbissen zu genießen, und als er auf dem Rückweg wieder vorbeikam, waren die Feigen nicht mehr da. Jemand anderes hatte sie gegessen. Und die Kühe, denen Maria die Krippe weggenommen hatte, mußten ihr Heu vom Boden fressen, und einige wurden von den vielen Menschen, die sich im Stall drängten, beiseite geschoben. Doch das waren kleinere Unannehmlichkeiten, an die die Tiere gewöhnt waren und die sie rasch vergaßen.

Einige Tiere jedoch wurden von den Ereignissen in Bethlehem an jenem allerersten Weihnachten sehr stark beeinflußt. Die Geburt Jesu – oder vielmehr die damit verknüpften Umstände – änderten ihr Leben für immer. Dies ist ihre Geschichte.

EINS

Die Geschichte beginnt auf einer kalten Hochweide, auf der nur harte Gräser und Zwergzedern wuchsen. Es war Mitternacht und der erste Tag des Winters, im Jahre Null des Herrn. In dieser Nacht wachten eine weiße Ziege, Ima, und eine große, graue, kurzhaarige Schäferhündin, Lila, über eine kleine Herde junger Schafe.

Die Schafe schliefen windgeschützt in einem Zederndickicht, dessen feiner Geruch ihre Köpfe mit Träumen und ihre Wolle mit süßem Duft erfüllte. Aber die Ziege, Ima, schlief nicht. Sie lag auf ihren zusammengefalteten Beinen im Schutz eines überhängenden Felsens und schaute zum Himmel hinauf. Hin und wieder streckte sie witternd die Nase in die Nachtluft, ob es vielleicht nach drohender Gefahr roch oder vielleicht nach einer anderen Ziege, nach Ziegen überhaupt, nach irgendwas Ziegenartigem. Es war zwar noch nie eine vorbeigekommen, aber sie gab die Hoffnung nicht auf. Ima war einsam. Da Ima intelligent und erfahren war und von ihrer Mutter und ihren Tanten alles gelernt hatte, was eine Ziege über das Leben in den Bergen zu wissen hat, mußte sie für ihren Herrn, der drunten im Tal lebte, die jungen Schafe hüten. Er verließ sich darauf, daß sie kranke junge Schafe mit Kräutern heilte und daß sie das Kommen und Gehen der Vögel und des Wilds beobachtete, um im Fels verborgenes Wasser zu finden – die geheimen Quellen und Tümpel, aus denen seine Schafe trinken konnten. All dies tat Ima und darüber hinaus mehr, als ihr Herr je erfuhr. Er wußte zum Beispiel nicht, daß Ima ihm einmal das Leben gerettet hatte, als er seine Schafe über zerklüftete Berge zu einer neuen Weide führte. Ima hatte das tiefe, bedrohliche Grollen der wegbrechenden Bergspitze gehört und die Schafe schnell vor einem Steinschlag in Sicherheit gebracht. Und der Herr, der seinen Schafen hinterherrannte, war den Felsbrocken entkommen, die plötzlich wie eine Lawine herunterstürzten.

So wie die Laute der Fledermäuse für menschliche Ohren zu hoch sind, ist die Stimme der Berge für menschliche Ohren zu tief. Der Herr erkannte nicht, daß seine Ziege wegrannte, weil sie eine Warnung vernommen hatte, und so erfuhr er nie, warum er damals nicht erschlagen wurde. Immerhin war ihm klar, daß er Glück gehabt hatte, und er opferte ein Schaf, um Gott für seine Rettung zu danken. Die größte Gefahr für Ima war eigentlich gar nicht vom Steinschlag ausgegangen, sondern von ihrem Herrn selbst, der einen Moment überlegt hatte, ob er *sie* opfern solle. Ziegen waren nicht so kostbar wie Schafe. Da er aber nur diese eine Ziege besaß und sie zum Schafehüten brauchte, opferte er in letzter Sekunde ein anderes Tier, und Ima führte die überlebenden Schafe auch weiterhin zu Wasserquellen, saftigen Wiesen und heilkräftigen Kräutern.

Mehr konnte sie nicht tun. Sie konnte ja nicht einmal sich selber vor den Wölfen und Raubkatzen schützen, die nachts durch die Berge streiften. Diese Pflicht oblag der anderen Hirtin, der kämpferischen Hündin Lila, die in dieser kalten Nacht im Schutz des Felsens neben der Ziege lag. Lilas Kinn ruhte auf den gekreuzten Vorderpfoten, aber ihre Augen standen offen. Selbst wenn sie zu schlafen schien, war sie immer auf der Hut. Da sich auch Lila einsam fühlte, war es schön für sie, durch ihr Fell den warmen Körper der Ziege zu spüren.

Durch die Gegenwart der großen Hündin getröstet, begann Ima wiederzukäuen, eine Aufgabe, die sie sich für ihre Mußestunden aufhob. Die Hündin lauschte dem vertrauten Malmen und Kauen der klugen Ziege. Dann drehte sich der Nachtwind und kam von Osten, und wie immer, wenn die Windrichtung wechselte, hob die Hündin witternd die Nase. In diesem Moment hörte sie, wie Ima schluckte und ein erstauntes Meckern ausstieß. Gleichzeitg spürte sie, wie sich ihr Fell sträubte, als stünde ein Gewitter bevor. Was war los? Die Hündin sah auf.

Ima meckerte eindringlich ein zweites Mal, ein kurzer, verwirrter Ton, der zum Schluß anstieg wie eine Frage. Dann erhob sie sich, Lila überlief ein

Die Hündin Lila lag in dieser
kalten Nacht neben der Ziege.

Kälteschauer, als der Körper der Ziege nicht mehr neben ihr lag. Sie stand ebenfalls auf und streckte die Nase witternd in den Ostwind, um herauszufinden, was Ima so verwirrt hatte.

Aber der Wind duftete nur nach Gras und Zedern. Etwas ratlos, da sie nicht wußte, ob Anlaß zur Sorge bestand, und verwirrt von dem sanften Prickeln auf ihrer Haut, folgte Lila Imas Blick und entdeckte über den Zedernwipfeln am östlichen Horizont etwas Helles.

Es war ein sehr heller Stern. Lila betrachtete ihn neugierig. Sie kannte den Nachthimmel bereits ihr ganzes Leben lang, aber diesen Stern oder einen so großen Stern hatte sie noch nie gesehen. Die beiden Hirten sahen sich an. In ihren Mienen spiegelten sich Verwirrung und Staunen, aber keine Furcht. Vor Wölfen hatten sie Angst. Vor ihrem Herrn drunten im Tal hatten sie Angst, zumindest, wenn er wütend war. Vor schweren Unwettern hatten sie Angst. Aber nicht vor einem Stern. Voller Interesse warteten die Hündin und die Ziege, ob sich noch irgend etwas ereignen würde.

Aber nichts geschah. Der Stern stand still am Himmel und strahlte machtvoll durch die kalte Nacht. Lila hob leicht die Nase und witterte zum dritten Mal. Sie war nur ein Hund, und sie erwartete nicht, alles zu verstehen, aber wenn etwas Ungewöhnliches geschah, konnte sie es im Wind wittern und versuchen, es einzuordnen. Es war ihre Aufgabe, soviel wie möglich herauszufinden und ihrem Herrn und Meister, so gut sie konnte, zu dienen. Diesmal trug ihr der Ostwind eindeutig einen seltsamen neuen Geruch zu, einen reinen, klaren Duft, der irgendwo zwischen Honig und Wasser, zwischen Fels und Zeder angesiedelt war. Vor ihr im Osten war er am stärksten, links und rechts von ihr ließ er etwas nach, und hinter ihr war er kaum noch wahrnehmbar. Ihr wurde klar, daß er von dem Stern ausging.

Erneut testete sie den ungewöhnlichen Duft. Diesmal spürte sie eine Kraft in ihm – eine sehr starke Kraft. Jetzt gesellte sich die Ziege zu ihr und zog die Oberlippe hoch, um den Duft mit dem ganzen Maul zu schmecken. Es dauerte nicht lang, und beide Tiere hatten ihn ausgemacht. Sie sahen sich an, jedes wollte wissen, was das andere dachte. Aber sie wurden nicht schlau daraus.

Inzwischen waren die Schafe wach geworden, da die Hündin und die Ziege auf dem Felsvorsprung herumliefen. Als sie sahen, daß ihre Hüter etwas beobachteten, strömten sie aus dem schützenden Dickicht zu einem kahlen windigen Felsen, von dem aus sie ebenfalls den Himmel sehen konnten. Und alle Tiere sahen, daß über dem östlichen Horizont ein neuer, mächtiger Stern aufgegangen war.

ZWEI

Die Nacht war stürmisch, und auf dem Berghang war es kalt. Trotzdem kehrten die Tiere nicht in ihren Unterschlupf zurück, sondern schauten eine lange Zeit zu dem Stern hinauf, spürten, daß sich durch sein energiegeladenes Licht ihr Fell sträubte, wie durch die elektrisch aufgeladene Luft vor einem Gewitter. Sie schauten zu dem Stern empor, dann sahen sie einander an. Aber es half nichts, so lange sie auch schauten, sie konnten es nicht begreifen. Was immer es auch war, es war stark – wie Blitze, Steinschlag, Feuer oder der Nachtwind. Selbst die Tiere wußten das. Nach einiger Zeit wurde es den jungen Schafen zu kalt, und sie hoppelten ins Dickicht zurück. Auch Ima legte sich wieder unter den Felsen, knickte zuerst die Vorder-, dann die Hinterbeine ein und nahm ihr Wiederkäuen auf. Lila suchte sich einen geeigneten Platz neben ihr, drehte sich ein paarmal im Kreis und legte sich dann zum Schlafen hin.

Der Stern bewirkte, daß alle Tiere träumten. Lila träumte von einem Feuer – vom Herdfeuer ihres Herrn. Im Traum lag sie zusammengerollt vor diesem Feuer, und an ihren Bauch schmiegten sich vier zarte junge Hündchen. Sie träumte von den warmen Mäulern an ihrem Gesäuge und ihren weichen, duftenden Körpern an ihrem Fell. Dann wußte sie plötzlich, daß sie aufstehen mußte, um auf der Hochweide die Schafe zu hüten. Es war ihre Pflicht, und so ging sie, und sie blieb lange Zeit weg. Als sie zurückkehrte, waren ihre Jungen verschwunden. Vergeblich versuchte sie, sie zu finden. Und während sie so verzweifelt suchte, hin und her rannte und jaulte, sahen der Herr und seine Frau ihr ruhig zu. Im Traum spürte Lila, daß die beiden wußten, was passiert war. Sie blickte sie flehend an. Und in ihrem Traum sah sie, daß die beiden Menschen verstanden, was sie von ihnen wollte. Und so tauchten sie in Lilas Traum die Hände in ein Wasserbecken, hoben die vier schlaffen Hündchen heraus und legten sie auf den Boden. Außer sich vor Freude leckte Lila sie trocken, und bald schon lagen sie wieder wach und geborgen an ihrem Bauch.

Ima träumte im Licht des mächtigen Sterns von einem riesigen dunklen Pferch, in dem es so wenig Futter gab, daß sie vor lauter Hunger das Holz anknabberte. Und doch war sie glücklich, denn dies war der Pferch, in dem sie zur Welt gekommen war. Sie war bei ihrer Mutter, ihrem Vater, ihren Tanten und Cousinen, Brüdern und Schwestern.

Doch plötzlich trat im Traum ein fremder Mann in den Pferch, packte sie an einem ihrer Hörner und zerrte sie davon. Sie wehrte sich aus Leibeskräften, aber er warf ihr eine Schlinge um den Hals, band das andere Ende des Strickes an den Sattel seines Esels und zog sie viele Kilometer weit zu seinem Stall. Sie sträubte sich bis zuletzt. Wieder spürte sie im Traum den würgenden Strick um den Hals, den erstickenden Staub in den Nüstern und den Schrecken und die Verwirrung in ihrem Herzen.

Als sie in ihrem neuen Zuhause angekommen war und der neue Herr sie endlich losband, sah sie, daß hier keine anderen Ziegen auf sie warteten, sondern nur ein paar junge Schafe. Im Traum wußte sie, daß sie bei diesen Schafen leben und auf sie aufpassen sollte. Im Traum erinnerte sie sich daran, wie sie versuchte, Futter und Wasser aufzutreiben und sich in der fremden Gegend, der schroffen Berglandschaft, zurechtzufinden. Wo sie auch hinging, dauernd waren ihr die jungen Schafe auf den Fersen. Sie hatten immer Hunger, bettelten ständig um Futter und gingen ihr im Traum ziemlich auf die Nerven. Kaum fand sie einen Futterplatz, kamen sie auch schon angetrappelt und forderten ihr Teil.

Plötzlich hörte sie im Traum ihre Mutter rufen. Ima schien es, als wolle die Mutter ihr helfen. Die lästigen Schafe auf den Fersen, eilte sie auf die Stimme zu. Erst konnte sie niemanden sehen. Aber plötzlich veränderte sich der Traum, und Ima stand wieder in ihrem ersten Pferch, bei all ihren Verwandten, und wartete darauf, daß der Schäfer das Gatter öffnete, um sie auf den heimatlich vertrauten Bergen grasen zu lassen.

Auch die jungen Schafe träumten im Licht des neuen Sterns. Sie hatten nur glückliche Träume, es gab nichts Trauriges darin, sie träumten von ihren beiden Hirten, der Ziege und der Hündin. Ein Schaf träumte, es folge Ima zu einem gepflügten Feld mit jungem Sprießweizen und fresse sich satt. Ein anderes Schaf träumte von Lilas Silhouette, die groß vor dem Nachthimmel stand und alles Böse fernhielt.

Gegen Morgen wachten die Schafe wie immer auf, weil sie Hunger hatten. Sie blökten einander zu und weckten ihre Hirten. Die Hündin und die Ziege erinnerten sich, blickten zum Himmel und sahen, daß der Stern immer noch dastand.

Bald ertönten Schritte auf dem Pfad, der vom Tal heraufführte. Der Herr kam und brachte Lila, wie jeden Morgen, wenn sie draußen bei den Schafen war, eine Schüssel mit Futter. Lila witterte rasch, daß es sich um Käsequark und Brotkrusten handelte. Voller Vorfreude auf die tägliche Mahlzeit sah sie, wie ihr Herr im Sternenlicht sichbar wurde. Der untersetzte bärtige Mann trug Sandalen und ein rauhes, wollenes Gewand, das in der Taille mit einem Strick gegürtet war. Als er seine Tiere sah, blieb er stehen und schüttete das Futter auf einen flachen Stein.

Da Ima zufällig danebenstand, schnupperte sie an dem Futter. Ima fraß Gras und Blätter, Knospen und Zweige, aber nie Quark und Essensreste, und so wandte sie sich gelangweilt ab, als sie erkannte, was der Herr gebracht hatte. Lila hingegen mochte die Pflanzen auf den Weiden nicht und war ein so großer Hund, daß sie von den kargen Futtermengen, die ihr der Herr brachte, nie richtig satt wurde. Sie war immer hungrig, und so sah sie es nicht gern, wenn sich jemand so nah bei ihrer mageren Ration aufhielt; das galt selbst für Ima. Sie schaute sie böse an und schlang das Futter im Nu hinunter. Viel zu schnell war es weg.

Demütig sah Lila ihren Herrn an. Sie senkte den Kopf, ließ die Ohren hängen, wedelte ein wenig mit dem Schwanz und dankte ihm für das gute Fressen. Aber sie überlegte, ob nicht vielleicht zufällig noch etwas in der Schüssel war. Normalerweise achtete der Herr kaum auf das, was sie wollte, aber an diesem Morgen stellte er die Schüssel auf den Boden. Schnell schleckte Lila sie aus und sah dann wieder zu ihrem Herrn auf, da sie wissen wollte, was er von dem Stern hielt.

Zuerst schien er ihn gar nicht zu bemerken. Ein wenig später schaute er empor, als sehe er den Stern zum ersten Mal, und er betrachtete ihn kurz, so, als ob auch er ihn rätselhaft finde. Doch Lilas Herr machte sich nicht viel aus Rätseln. Er unterdrückte ein Gähnen und zog sein Gewand enger um sich, da ihm kalt wurde. Dann hob er die Schüssel auf und blickte in alle Himmelsrichtungen, um zu sehen, wie das Wetter würde. Schließlich pfiff er zweimal, damit Lila die Herde zusammentreibe und ihm folge. Sie gehorchte sofort, flitzte zwischen den Schafen umher, um sie auf Trab zu bringen, und lief dann im Zickzack hinterher, um die Herde in einer ordentlichen Gruppe zusammenzuhalten.

An diesem Morgen waren die Schafe brav. Lila freute sich, wie schnell sie ihr folgten. Es war fast noch zu dunkel, um etwas zu sehen, aber sie erkannte ihre zusammengedrängten wollenen Leiber. Genau so sollte eine ordentliche Herde aussehen, und auch die Ziege lief, wie es sich gehörte, allein vorn neben ihrem Herrn. Doch obwohl die Schafe so gehorsam waren, blieb Lila wachsam. Während sie hinter ihnen leise den dunklen Pfad entlangtrottete, achtete sie auf das rhythmische Klappern der Hufe auf dem steinigen Boden und behielt gleichzeitig die Masse wolliger Leiber im Blick. Keines durfte zu schnell laufen, ausscheren oder hinterhertrödeln.

Während sie die Schafe im Auge behielt, erkundete ihr ausgezeichneter Geruchssinn auch noch die Vielzahl der Düfte, die von der Erde aufstiegen, in den Büschen hingen oder in der kalten Morgenluft schwebten. Sie kannte jeden Baum, jeden Strauch, jeden Busch. Sie kannte sie ihrer Gattung nach – die Zedern dufteten zum Beispiel anders als die Olivenbäume. Aber sie kannte auch jede Pflanzenfamilie. Alle Zedern am oberen Ende des Pfads waren die Kinder, Enkel oder winzigen sprießenden Urenkel einer riesigen, sturmgebeugten Zeder droben auf dem Bergkamm, und sie rochen – wenn auch nur ein bißchen – anders, als die Zedern am unteren Ende des Pfads. Diese Zedern waren die Kinder dreier verschiedener Eltern, die es alle nicht mehr gab. Von zweien waren nur noch die Stümpfe übrig; den Rest dieser beiden Zedern hatte Lilas Herr zu Brennholz zerhackt. Die dritte war in einem Buschfeuer verbrannt. Nur eine einsame Zeder war mit keiner der anderen verwandt. Sie war wohl aus einem Samenkorn entstanden, das ein Vogel im Flug fallen gelassen hatte. Dies alles hatte Lila mit ihrer empfindlichen Nase herausgefunden. Darüber hinaus erkannte sie aber auch jeden Baum an seinem persönlichen Geruch. Da sich Bäume nicht bewegen, waren diese Gerüche unverrückbar wie Landmarken, und Lila wußte immer genau, wo sie sich befand, selbst wenn sie sich mit Augen und Ohren auf die Schafe konzentrierte.

Lila wußte auch, wer den Pfad sonst noch benutzt hatte. Der starke Geruch zum Beispiel, den ihr Herr auf dem Herweg hinterlassen hatte, hing immer noch in der Luft. Trotz der Kälte hatte er geschwitzt; sein Schweiß roch nach dem Käsequark, den er vorher gegessen hatte. Und es roch nach dem Futter, das er heraufgetragen hatte. Lila seufzte und war ein bißchen traurig bei dem Gedanken, daß es dieses Futter schon nicht mehr gab, daß es aufgefressen worden war und nur noch der Duft übrigblieb.

Ein paar Meter weiter nahm sie die moschusartige Witterung eines Fuchses auf. Lila kannte ihn – er hatte seinen Bau am Berghang. Er war zwar zu klein, um den Schafen etwas anzutun, aber Lila mochte ihn trotzdem nicht und jagte ihn jedesmal, wenn sie sich über den Weg liefen. Sie betrachtete den Rücken ihres Herrn, der den Pfad hinunterstapfte. Er schien sich für den Fuchs nicht zu interessieren, aber damit hatte sie gerechnet. Sie wunderte sich längst nicht mehr darüber, daß er Gerüchen gegenüber so gleichgültig war. Ein wenig später nahm sie die Witterung eines anderen Fuchses auf. Ein Fremder! Doch kaum hatte Lila angefangen, diesen Geruch zu erkunden, stieg ihr plötzlich etwas in die Nüstern, das ihr die Haare zu Berge stehen ließ. Der kalte Ostwind trieb die scharfe, bedrohliche Witterung eines voll ausgewachsenen männlichen Luchses über den Pfad! Lila riß die Augen auf, als sie seinen Geruch ganz stark auf einem der Büsche am Wegrand entdeckte. Er hatte seine Markierung gesetzt! Er hatte sein Revier abgesteckt! Und, schlimmer noch, er war noch ganz in der Nähe!

Darauf *mußte* der Herr doch jetzt reagieren, dachte Lila. Er *konnte* doch nicht ignorieren, daß ein so gefährliches, stolzes Tier so nah bei seiner Herde sein Revier markierte! Sicher wollte der Herr, daß Lila die Raubkatze aufspürte, einen Baum hinaufscheuchte und mit gefährlich gefletschten Zähnen unten hockenblieb, damit der Luchs sah, daß die Schafe behütet wurden. Aber der Herr schien nicht einmal diese Gefahr zu bemerken. Vornübergebeugt stapfte er weiter, direkt durch den bedrohlichen Schwall von Luchsgeruch hindurch, als sei nichts passiert.

Die Ziege allerdings bemerkte es und vergewisserte sich durch einen besorgten Blick, ob Lila noch da war, um sie zu beschützen. Und die Schafe bemerkten es. Diese jungen Schafe waren noch sehr unerfahren, aber sie wußten genug, um sich vor der strengen Witterung einer großen Wildkatze zu fürchten. Ängstlich blökend drängten sie sich aneinander und sahen sich nervös um. Manche mußte Lila sogar ein wenig zwicken, damit sie bei den anderen blieben.

Aber selbst dies entging dem Herrn. Lila war klar, daß er wegen des Luchses nichts unternehmen würde, er würde ihn herumschleichen und seine Markierungen überall dort setzen lassen, wo es ihm gefiel. Und so marschierten sie alle hinter ihrem Herrn den Berg hinab. Die Schafe waren verwirrt, Ima war ängstlich und Lila zutiefst enttäuscht und ein bißchen wütend, weil ihr Herr sie davon abhielt, das Notwendige zu tun.

Der Himmel im Osten hatte eine milchig graue Färbung. Lila sah das erste Tageslicht, das die glühende Sonne ankündigte. Das machte sie froh. Nach dieser bitterkalten Nacht freute sie sich auf die wärmenden Sonnenstrahlen. Dann fiel ihr der neue Stern wieder ein, und sie schaute zum Himmel empor. Der Stern strahlte immer noch, obwohl die anderen Sterne allmählich erloschen. Doch wenige Minuten später, als sie nochmals aufblickte, war das Tageslicht stärker geworden, und auch der neue Stern war verblaßt.

Jetzt wurde der Hündin zum ersten Mal ein wenig bange. Der seltsame Stern zog sich zu den anderen Sternen hinter die Sonne zurück. Wäre seine Kraft von einem anderen Hund oder einem Menschen ausgegangen, wäre Lila dem gerne gefolgt. Sie warf schnell einen Blick auf ihren Herrn, in der Hoffnung, daß der merke, was mit dem Stern geschah.

Wie üblich stapfte er vor sich hin, als ob gar nichts geschehen sei, und beschleunigte seinen Schritt, als der Pfad eben wurde. Aber die Schafe hinter ihm bemerkten, daß der Stern bald nicht mehr da sein würde. Sie spürten die Angst ihrer Hirten und wollten dem Stern so eifrig hinterher, daß Lila sie kaum zurückhalten konnte.

DREI

Am Rand des Ackerlands blieb der Herr stehen. Er hatte die Tiere zu einem Weizenfeld in der Nähe eines Olivenhains geführt. Der Weizen und die Oliven waren längst abgeerntet, aber es standen immer noch viele nahrhafte Stoppeln da. Er pfiff erneut, das Signal für die Hündin, die Schafe gehen zu lassen, damit sie hier grasen konnten.

Die Tiere zögerten einen Moment. Sie sahen den Stern am blauer werdenden Himmel verblassen. Bald würde er verschwunden sein und ebenso ihr Herr, und sie würden ganz allein zurückbleiben. Inzwischen waren Ima und die Schafe allerdings hungrig geworden. Wenn der Stern verschwand, dann verschwand er eben, schienen die kleinen Schafe zu denken und verteilten sich, um zu grasen. Der Herr pfiff seiner Hündin – diesmal bedeutete der Pfiff, daß sie ihm nicht folgen solle – und wandte sich zum Gehen. Also setzte sich Lila hin und schaute ihm nach. Der Anblick verstärkte noch das Gefühl der Verlassenheit, das sie empfand, seitdem der Stern verblaßt war.

Plötzlich stieg Lila ein Duft in die Nase, der sie an den Stern erinnerte, nur daß er noch stärker und geheimnisvoller war. Dann hörte sie über sich das Rauschen von Flügeln.

Sie sprang auf, da sie dachte, es seien Gänse oder Störche, aber zu ihrer Verblüffung sah sie direkt über sich die Schwingen und Bäuche einer Schar von Engeln, die rasch über sie hinwegflogen. Lila bellte laut, um ihren Herrn darauf aufmerksam zu machen, und er drehte sich um. Aufgeregt wartete Lila auf seinen Befehl, aber als ob er die Engel, die jetzt direkt an ihm vorbeiflogen, gar nicht bemerken würde, sah er sie ärgerlich an und beugte sich hinunter, um seine Sandale zu binden. Ein Riemen war gerissen, und er verknüpfte die losen Enden.

Ima und die Schafe aber erblickten, was ihr Herr nicht sehen konnte, und starrten mitten im Kauen mit offenem Maul regungslos zu dem wundervollen Anblick hinauf. Lila bellte erneut, sie wollte unbedingt, daß ihr Herr, der normalerweise die meisten Geräusche und Gerüche ignorierte, wenigstens dieses Mal achtgab. Aber ihr Gebell ärgerte ihn nur. Er sah von seiner Sandale auf und brüllte ihr zornig etwas zu. Das hieß, sie solle endlich still sein und die Schafe hüten. Mit hängendem Kopf setzte sie sich wieder hin.

Noch immer konnte sie den Blick nicht von den Engeln wenden. Vorneweg flogen jetzt einige große, die die Leitengel zu sein schienen. Flinker als Schwalben flogen sie im Kreis über die Äcker hin. Plötzlich stießen sie alle herab und verströmten Sternenduft. Sie gingen in die Kurve, richteten ihre

Als Lila diese neue Nahrungsquelle bemerkte,
pirschte sie sich vorsichtig an die Eiche heran.

Körper auf, streckten ihre Beine aus, landeten auf der Erde, rannten noch ein paar Schritte und kamen dann zum Stehen.

In vollendeter Haltung sahen sie sich um, betrachteten einander, schüttelten dann ihre Flügel und falteten sie zusammen. Das brachte die langen Flugfedern zum Rascheln. Nach einem flüchtigen Blick auf die erstaunten Tiere nickten sie sich lediglich kurz zu, dann schwärmten sie aus, gingen in die Hocke und begannen, das Stoppelfeld und die Erde unter den Olivenbäumen abzusuchen. Hie und da fand einer der Engel eine Olive oder ein Weizenkorn und steckte es sich in den Mund. Sie schienen hungrig zu sein. Manche von ihnen standen zwischendurch nicht einmal auf, sondern hüpften einfach in der Hocke weiter zur nächsten Ackerfurche, zum nächsten Korn.

Wieder sahen sich die Hündin und die Ziege an. Bisher hatten sie nur sehr selten einen Engel gesehen, und dann auch nur weit oben, auf den höchsten Bergkämmen, über die gelegentlich mal einer hinwegsegelte, getragen von der aufsteigenden Luft. Doch so viele Engel auf einmal hatten weder Ima noch Lila je zu Gesicht bekommen, vor allem noch nie so nah, und wieder blickten sie auf ihren Herrn, um zu sehen, was er davon hielt.

Aber der hatte seine Sandale repariert und machte sich auf den Heimweg. So, wie er das Wegbrechen einer Bergspitze überhörte, das ihn vor einem Steinschlag warnte, so, wie ihm die hohen Schreie der Fledermäuse und die Witterung eines gefährlichen Luchses entgingen, so übersah er auch Engel, selbst wenn er mitten unter ihnen stand. Für ihn gab es sie einfach nicht.

Aber Geräusche, die für menschliche Ohren zu hoch oder zu tief sind, sind trotzdem Geräusche; Gerüche, die für menschliche Nasen zu schwach oder zu rein sind, sind trotzdem Gerüche; und Wesen, die für menschliche Augen unsichtbar sind, sind trotzdem Wesen. Lila war entsetzt über die stumpfe Blindheit ihres Herrn. Gerade lief er so nah an einem kauernden Engel vorbei, daß er ihn fast umstieß. Gleichgültig ging er weiter bis zum Rand des Feldes und verschwand zwischen den Olivenbäumen.

Inzwischen hatten sich Ima und die Schafe unter die Engel gemischt, um sich an den Stoppeln zu laben. Die Engel suchten weiter nach Körnern. Dann, als einige von ihnen den Rand des gepflügten Ackers erreichten, stieß ein junger weiblicher Engel einen Freudenschrei aus. Die Hündin und die Ziege sahen, daß der Engel eine Eiche entdeckt hatte, die über und über voller Eicheln hing. Fliegend und laufend eilte die Engelsschar herbei. Einige Engel flogen ins Geäst hinauf und schüttelten die Eicheln herunter, die anderen Engel sammelten sie auf. Die großen männlichen Engel bissen gleich hinein, während die kleineren Engel die Schalen mit Steinen aufklopften.

Als Lila diese neue Nahrungsquelle bemerkte, pirschte sie sich vorsichtig an die Eiche heran. Sie war so groß und wirkte so gefährlich, daß die meisten Engel ängstlich zu essen aufhörten, als sie sie kommen sahen. Ein großer männlicher Engel flog vom Baum herunter und stellte sich zwischen den Hund und die übrigen Engel. Aber Lila wollte nur Freundschaft und vielleicht ein bißchen was zu fressen. Demütig ließ sie Kopf und Ohren hängen und kroch mit wedelndem Schwanz so sanft und unterwürfig auf die Engel zu, daß die sofort sahen, daß keine Gefahr drohte. Langsam, respektvoll näherte sich Lila dem männlichen Engel und kauerte sich zu seinen Füßen nieder.

Er gab ihr ein paar Eicheln. Da sie noch nie welche gefressen hatte, beschnüffelte sie sie erst einen Moment und probierte dann eine. Der bittere Geschmack störte sie zwar, aber vielleicht war es ja eine nahrhafte Frucht. Mit einem Haps hatte sie alle Eicheln samt der Schale verschlungen. Dann hob sie die Pfote, um dem Engel zu danken. Sie versprühte ihren ganzen Charme – ließ die Ohren hängen, hob das Kinn, klopfte sanft mit dem Schwanz auf den Boden. Der Engel beugte sich nieder und kraulte sie hinter den Ohren, und viele andere Engel scharten sich um sie.

Weit entfernt hob Ima, die Ziege, den Kopf und sah den Auflauf. Ihr war klar, daß das, was Lila und die Engel auch immer dort taten, mit Futter zu tun haben mußte. Und so trottete sie, gefolgt von ihren Schäfchen, zu Lila hin. Die meisten Engel schienen Tiere zu mögen und begrüßten die Neuankömmlinge mit Eicheln, die Schafe und Ziegen lieben. Ima und ihre jungen Schützlinge fraßen gierig und drängelten sich um den Eichelhaufen. Als sie ihn weggeputzt hatten, schauten sie sich nach Nachschub um. Ein kleines Schaf, das von den anderen abgedrängt worden war, wurde von einem jungen weiblichen Engel aus der Hand gefüttert.

Der gleiche Engel sah, daß an Lilas Flanken Kletten hingen, und zupfte sie sanft ab. Lila war dankbar, da diese Kletten sie beim Sitzen immer gepiekst hatten. Schon seit Tagen hatte sie vergeblich versucht, sie aus ihrem Fell zu beißen. Als Lila eine nahegelegene Quelle aufsuchte, um zu trinken, witterte sie einen Frosch, der neben der Quelle in seiner winzigen Grube schlief. Sie grub ihn aus, trug ihn unversehrt im Maul zur Eiche zurück und schenkte ihn dem Engel. Zu neuem Leben erwacht, hockte der Frosch auf der Hand des Engels. Er zwinkerte und hatte solche Angst, daß man seinen Hals pulsieren sah. Eigentlich hatte Lila gedacht, der Engel würde den Frosch essen, aber statt dessen setzte er ihn sanft auf die Erde, als wolle er ihm die Freiheit schenken. Also fraß ihn Lila.

Inzwischen stand die Sonne hoch am Himmel, es wurde allmählich wärmer, und viele der Engel legten sich unter die Eiche zum Schlafen nieder. Im Gras hinter dem Baum legten sich auch Ima und die jungen Schafe – Vorderbeine zuerst – hin und begannen wiederzukäuen. Wie Ima es ihnen beigebracht hatte, lagen die Schafe alle zusammen, aber mit dem Gesicht nach außen, so daß sie immer gleichzeitig alle Himmelsrichtungen im Blick hatten. Eigentlich hätten sie wach bleiben sollen, aber nach einer Weile dösten sie alle ein.

Auch die Hündin schlummerte ein bißchen, aber nicht tief. Sie wäre beim geringsten Zeichen von Gefahr sofort hochgeschreckt, um mit ihren weißen Zähnen und ihrem mutigen Herzen die Herde zu verteidigen. Die Ziege, die Schafe und sogar die Engel schliefen ruhiger, weil sie wußten, daß Lila in der Nähe war.

So verging der Winternachmittag. Später versank die Sonne hinter den westlichen Bergen, jenen Bergen, von denen die beiden Hirten und ihre Schützlinge herabgekommen waren. Der Nachtwind kam auf, und es wurde kälter. Die Ziege führte die Schafe zum Stoppelfeld zurück, um noch einmal zu grasen, und die Hündin schnüffelte im Gras nach Insekten, die in der Kälte starr und träge geworden waren, oder nach Eicheln, die die Engel übersehen hatten. Auch die Engel erwachten, schüttelten ihre Flügel und putzten vor dem Abflug ihr Gefieder.

Als die untergehende Sonne den Himmel hinter den Bergen rot färbte, scharten sich die Engel allmählich zusammen. Bald waren sie alle etwa eine Armeslänge voneinander entfernt. Manche saßen auf dem Boden, manche standen, während sie zum dunkelnden Osthimmel emporsahen.

Langsam, erst nur ganz blaß und schwach, erschien der Stern. Je dunkler es wurde, desto heller leuchtete er. Er verströmte seinen Duft, den der

Wind herbeiwehte, und sein Licht war so strahlend und so mit Kraft aufgeladen wie am Abend zuvor. Die Engel sahen erwartungsvoll in die Richtung, aus der der Wind kam. Plötzlich begannen einige der größeren Engel loszurennen, und alle anderen rannten ihnen nach, und dann breiteten sie ihre Schwingen aus und erhoben sich flügelschlagend und unter lautem Rufen mit knarzendem Gefieder in die Luft. Als die Engel das Ende des Felds erreicht hatten, schwebten sie bäuchlings in der Luft, wie Vögel, wie Schwimmer im Wasser, und gewannen an Geschwindigkeit. Sie kreisten einmal über dem Feld, um sich zu orientieren, und flogen dann pfeilschnell nach Osten, direkt auf den Stern zu.

Sofort rannte Lila ihnen nach, aber die Engelsschar zog so rasch davon, daß sie unmöglich Schritt halten konnte. Bald sah sie ein, daß diese Jagd sinnlos war, und blieb entmutigt stehen. Mit hängenden Ohren und gesenktem Schwanz blickte sie ihnen nach. Die Engel, die erst in einem dichten Haufen geflogen waren, ordneten sich jetzt in einer langen ungleichförmigen Reihe hintereinander, wie ein Gänseschwarm. Die Leitengel nahmen Kurs auf den Stern und orientierten sich an ihm. Das überraschte Lila nicht. Genau wie bei der Zedernfamilie am Bergpfad haftete auch dem Stern und den Engeln der gleiche Duft an. Sie gehörten zusammen. Sicher war der Stern ihr Leitstern, der ihnen vorangegangen oder von der anderen Seite der Welt gekommen war und sie gerufen hatte.

Mit einem seltsamen Gefühl der Verlassenheit drehte sich Lila zu Ima um, um zu sehen, wie sie es aufnahm. Ima stand groß aufgerichtet da und schaute der Engelsschar mit leuchtenden Augen nach. Sie schien glücklich zu sein, zu allem bereit. Plötzlich wandte sie sich Lila zu. Sie schüttelte sogar den Kopf, wackelte mit dem Schwanz, als sei sie ungeduldig, und tänzelte steifbeinig ein paar Schritte ostwärts, als ob sie irgend etwas erwarten würde. Da wußte Lila, daß auch Ima den Sog des Sterns spürte und daß auch sie mit den Engeln ziehen wollte, statt allein zurückzubleiben. Plötzlich sah sie ganz klar, was zu tun war: Sie und Ima mußten die Schafe zusammentreiben und dem Ruf des Sterns folgen.

Und so zogen die Tiere vier Nächte lang dem Stern nach – über Hügel und durch Täler, an Olivenhainen, Weinbergen und kleinen Siedlungen vorbei, aus denen Hundegebell scholl. Wenn der Stern in der Morgendämmerung verblaßte, machten sie Rast und warteten, bis er am Abend wieder erschien. Futter zu finden war für die Ziege und die Schafe viel einfacher als für Lila, aber als Hund konnte sie lange Zeit ohne Nahrung auskommen. Trotzdem fand sie ein paar Bissen. Es war hilfreich, daß die Tiere ungefähr der Route der Engel folgten – hie und da witterte Lila Spuren ihres Dufts, der zu Boden gesunken war –, da der Pfad zu etlichen Futterquellen führte. Die meisten Dinge, die die Engel aßen, waren für Hunde zwar ungenießbar, aber einige davon fand Lila zumindest nahrhaft. In der zweiten Nacht zum Beispiel witterte sie Feigen, und im Licht des Vollmonds fand sie rasch den Baum. Die Feigen waren zwar abgeerntet, und die verschrumpelten restlichen Früchte hatten sich größtenteils die Engel schmecken lassen, aber ein paar lagen doch noch auf dem Boden herum. Die Hündin fraß sie auf. Die dritte Nacht verbrachten sie auf einem Berg, der so hoch war, daß die windgepeitschten Bäume oben auf dem Kamm ganz krumm geworden waren. Hier witterte Lila plötzlich Aas und fand die Reste eines Hirschkadavers, den ein Luchs unter einen Felsbrocken gezerrt und mit Blättern zugescharrt hatte. Der Kadaver hatte die Engel offenbar kaltgelassen – sie waren daran vorbeigegangen –, aber die Hündin fraß ihn dankbar bis auf den letzten Bissen auf; sie zermalmte sogar die Knochen, um an das Mark zu kommen.

Am Ende der vierten Nacht befanden sich die Tiere in einem der kleinen Weinberge, die Bauern am Rand der Dörfer anlegen. Dort stand der Stern direkt über ihnen, und sein Duft strömte stark zur Erde herab. Die Tiere hatten seinen Ruf verstanden. Sie waren gekommen.

VIER

Aber wo befanden sie sich hier? Und was sollten sie jetzt machen? Ima und den müden jungen Schafen fiel die Antwort auf diese Frage nicht schwer. Dankbar machten sie sich über die Weinblätter her. Lila sah zu, wie ihre weißen Rücken sich langsam an den Reihen der sorgfältig hochgebundenen Reben entlangschoben. Aber für einen Hund sind trockene Weinblätter nicht dasselbe wie für ein Schaf oder eine Ziege. Während die hungrige Lila Imas Gemampfe lauschte und sah, wie sie vor Freude mit dem Schwanz wackelte, wünschte sie sich sehnlich, daß auch sie etwas zu fressen hätte. Witternd streckte sie die Nase in den Morgenwind.

In der westwärts strömenden Luft nahm sie ziemlich hoch über der kalten Erde eine bunte Mischung aus Gerüchen wahr und merkte, daß hier in der Nähe irgendeine Siedlung sein mußte, irgendein Ort, an dem viele Tiere und Menschen lebten. Es roch nach Schmutz und Gewürzen, Staub und Futter, nach feuchter Erde, was auf Wasser hinwies, und nach anderen Hunden. Auch der Sternenduft war da, aber das überraschte Lila nicht. Sie ließ ihn an sich vorbeiströmen und unterzog einige der anderen Düfte einer genaueren Prüfung.

Am meisten faszinierte sie natürlich der Geruch des Futters. Aber wenn sie an das Futter dachte, mußte sie auch an die anderen Hunde denken. In einer fremden Gegend weiß ein Hund nie, was er von seiner eigenen Spezies zu erwarten hat. Würden die anderen Hunde sie vom Freßnapf verscheuchen? Würde sie Freunde unter ihnen finden? Würde sie kämpfen müssen? Lila war so groß und stark, daß sie es selbst mit Wölfen aufnahm, aber sie machte sich trotzdem Sorgen. In Gedanken sah sie die Dorfhunde vor sich, mit wütend gefletschten Zähnen, wild funkelnden Augen und gesträubtem Fell. Sie senkten drohend den Kopf, bereit, sich gemeinsam auf den Eindringling zu stürzen. Außerdem befanden sich diese Hunde auf ihrem eigenen Terrain, und sie, Lila, war eine Fremde.

Inzwischen war Lila so hungrig, daß es schmerzte, und sosehr sie auch witterte, nach Futter roch es nur aus dieser einen Richtung. Deshalb beschloß sie, trotz der anderen Hunde, dem verheißungsvollen Duft zu folgen.

Sie schaute sich über die Schulter nach Ima um. Sie wollte der Ziege signalisieren, daß sie jetzt eine Weile weg sein würde. Die weißen Rücken der grasenden Tiere waren über den ganzen Weinberg verstreut, aber endlich entdeckte Lila die Ziege. Ima mampfte mit gesenktem Kopf vor sich hin und bemerkte sie nicht. Lila sah zum Stern empor, der jetzt am Morgenhimmel fast unsichtbar geworden war. Sie fühlte sich sehr einsam. Und sie wußte, genauso verlassen würde sich auch Ima fühlen, wenn sie ihr Verschwinden bemerkte. Andererseits kam sie immer wieder zu Ima zurück, so wie auch Ima immer wieder zu ihr zurückgekehrt war. Wenn Lila dann an Imas Fell, ihren Beinen oder Hufen schnupperte, wußte sie immer ganz genau, wo sie gesteckt hatte und warum sie dorthin gegangen war. Sie wußte, daß ihr Ima auch ohne den scharfen Geruchssinn eines Hundes bedingungslos vertraute. Mit einem letzten Blick über die Schulter trabte Lila gen Bethlehem davon.

FÜNF

Als Ima vom Grasen aufblickte, entdeckte sie, daß sie allein war. Jedenfalls fühlte sie sich so. Natürlich waren die Schafe in der Nähe und fraßen gierig, aber für Ima hieß das nicht Gesellschaft, sondern Pflicht. Und ohne Lila lastete die ganze Verantwortung auf ihr allein. Säuerlich sah sie dem Tag entgegen.

Sie wußte, was sie erwartete: junge Schafe, die sich gegenseitig drängelten und schubsten, die Futter und Wasser brauchten, denen man einen Unterschlupf vor dem kalten Wind suchen mußte oder einen Ort, an dem sie ungestört wiederkäuen konnten. Doch als sie sah, wie die Schafe die Köpfe hoben und alle paar Bissen zu ihr herüberschauten, als sie merkte, wie ängstlich sie sie im Blick behielten und wie erleichtert sie waren, daß sie noch bei ihnen war, schwand ihr Groll, und ihr wurde ganz weich ums Herz. Wie winzig sie gewesen waren, als man sie ihr anvertraut hatte, im Grunde noch Lämmer! Genau wie Ima selbst hatte man auch sie viel zu früh von ihren Müttern getrennt. Ihre Abhängigkeit war zwar lästig, aber sie konnten nichts dafür. Die jungen Schafe hätten eigentlich bei ihren Müttern sein sollen; das war alles. Ima hatte Verständnis dafür.

Sie erinnerte sich an die anderen Ziegen in dem Pferch, in dem sie zur Welt gekommen war. Sie erinnerte sich an das Gesicht und die goldenen Augen ihrer Mutter. Ima dachte oft an ihre Familie, obwohl sie sich hinterher nur noch einsamer fühlte. Sie erinnerte sich, wie schön es gewesen war, mit ihresgleichen zusammenzuleben, und wünschte sich, daß wenigstens noch eine andere Ziege bei ihr gewesen wäre. Mit einer Ziege hätte sie ganz anders zusammenleben können, als es mit einem Hund je möglich war. Wenn die andere Ziege eine Zeitlang weg gewesen wäre, hätte Ima stets genau gewußt, wo sie hingegangen war und warum. Und eine Ziege hätte sich mit Pflanzen ausgekannt. Ima hatte bemerkt, daß Lila keine Ahnung von giftigen Blättern hatte und daß sie auch nicht wußte, daß kurze Halme leichter abzugrasen waren als lange. Sie schien sich nicht einmal daran zu erinnern, wo das saftigste Gras wuchs. Außerdem fraß sie es nicht, sondern legte sich, nachdem sie es mit den Pfoten plattgetrampelt hatte, einfach hinein. Ima fiel ein, daß es hie und da im Weinberg einen Flecken mit Gras gab und daß Lila vielleicht genau in diesem Moment in einem dieser Grasnester schlief.

In der Nähe des Weinbergs stand ein großer ausladender Olivenbaum. Ima ging hin und hüpfte auf den untersten Ast, dann hüpfte sie zum nächsten Ast, bis sie sich hoch über dem Boden befand. Und da lag wirklich etwas im

Der Engel schien leicht wie ein Vogel zu sein,
fast so leicht wie die Luft.

Gras zusammengerollt – nicht Lila, sondern ein weiblicher Engel, und noch dazu ein ganz junger. Er hatte die Augen geschlossen und sich mit seinen Flügeln zugedeckt. Trotzdem erkannte Ima ihn wieder – es war der Engel, der dafür gesorgt hatte, daß die Eicheln gerecht unter die jungen Schafe verteilt wurden. Der Engel, der die Kletten aus Lilas Fell gezupft hatte. Aber jetzt stimmte irgend etwas nicht mit ihm. Selbst aus der Ferne wirkte der Engel auf Ima bleich und krank.

Warum war der Engel allein? Wie Schafe und Ziegen sollten auch Engel immer zusammenbleiben, dachte Ima. Dann fiel ihr ein, daß ein kranker Engel, genau wie ein krankes Schaf, sehr wahrscheinlich zurückbleiben würde und es leicht passieren konnte, daß er den Anschluß verlor. Womöglich sogar, ohne daß die anderen es bemerkten. Die Engel hatten keinen Schäferhund, der alle zusammenhielt. Sie mußten, so gut es ging, allein zurechtkommen.

Ima seufzte. Gerade jetzt, wo sie sowieso schon zu schwer an ihren Pflichten trug, tauchte plötzlich noch ein schutzbedürftiges Wesen auf, das auch noch krank war. Aber was konnte sie tun? Sie konnte den Engel ja nicht einfach liegenlassen. Also kletterte sie vom Baum herab und hoppelte zu dem armen Ding hin.

Wie er da so allein im Gras lag, wirkte der schlafende Engel noch jünger als zuvor, und mit seinen zarten Federn und den dünnen Armen und Beinen sah er sehr zerbrechlich aus. Ein ganz schwacher, milder Sternenduft stieg von ihm auf, aber in diesem Moment erinnerte der Engel Ima weniger an die mächtige Kraft des Sterns als vielmehr an ein verwaistes Schaf, um das man sich dringend kümmern mußte. Ima trat mutig auf den Engel zu und schnupperte an seinem Atem. Der Engel bewegte sich im Schlaf, und es sah aus, als würde er jeden Moment erwachen. Ima trat einen Schritt zurück. Der Atem des Engels roch nach Gift.

Wie so oft, wenn sie einen seltenen Geruch witterte, dachte Ima an ihre Mutter und ihre Tanten. Die hatten ihr beigebracht, wie man Gifte am Geruch erkennt und welchen Pflanzen sie zuzuordnen waren. Der Engel hatte die Beeren einer solchen Giftpflanze gegessen. Ima waren auf dem langen Weg hierher einige davon begegnet. Sie hatte sie natürlich nicht angerührt und die jungen Schafe davon weggeführt. Vielleicht wußten die Engel ja nicht, daß man diese Pflanzen nicht essen durfte, oder dieser Engel hatte zufällig ein paar Beeren erwischt. Jedenfalls wußte Ima, daß es für jede Krankheit ein Heilmittel gab, und dachte an eine ganz bestimmte stachelige Pflanze, die dem Engel helfen würde.

Der Engel erwachte und spürte Imas kitzelnden Atem auf seiner Haut; er erkannte die Ziege sofort und schlang ihr den Arm um den Nacken. Da der Engel so stark nach dem Gift roch, beschloß Ima, nicht länger zu warten und den kranken Engel rasch zu den Heilpflanzen zu führen. Es würde nicht schwierig sein, welche zu finden, da sie nur von Ziegen gefressen wurden und deshalb recht häufig vorkamen. Andere Tiere vertrugen die harten Stacheln nicht. Und aus demselben Grund war die Heilkraft dieser Pflanzen auch fast nur den Ziegen bekannt. Mit hocherhobenem Kopf sah Ima den Engel aufgeweckt und etwas unruhig an, um ihm zu signalisieren, daß er ihr folgen solle.

Der Engel begriff und stand auf. Ima führte ihn, die Schafe trappelten hinterdrein. Der Engel schritt neben Ima her. Seine Hand lag auf ihrem Rücken, leicht wie eine Blüte, wie ein trockenes Mimosenblatt. Mit ihren vier Beinen konnte Ima schneller laufen als der Engel mit seinen zweien, und da es ihm nicht gutging, kam er nicht mehr mit. Nach ein paar Schritten legte er plötzlich beide Hände auf Imas Nacken und sprang mit einem kleinen Satz auf ihren Rücken. Die Beine ließ er auf einer Seite herabbaumeln.

Empört blieb Ima abrupt stehen. Jeder andere wäre über Imas Hörner nach vorn geschleudert worden. Doch der Engel schien leicht wie ein Vogel zu sein, fast so leicht wie Luft. Mit seinen zarten Fingern begann er Imas Nacken zu kraulen. Das war ein angenehmes Gefühl, und Ima trottete weiter.

Umringt von den Schafen, erreichten sie schließlich eine Stelle, an der die stacheligen Pflanzen wuchsen, nicht weit vom Weinberg entfernt. Ima sah die Pflanzen an, dann den Engel. Die Schafe drängelten sich herbei, um zu sehen, was Ima gefunden hatte. Einige von ihnen probierten die Pflanzen, spuckten sie aber wegen der Stacheln wieder aus. Der Engel schien verwirrt zu sein. Nicht einmal Schafe wollen diese Pflanzen fressen, schien seine Miene zu sagen. Also befreite Ima eins der Blätter von den Stacheln und sah den Engel an. Vorsichtig nahm der Engel das Blatt und knabberte daran. Ima legte sich hin und begann wiederzukäuen, damit der Engel begriff, daß sie hier eine Weile zu bleiben gedachte. Ein paar Schafe legten sich ebenfalls hin, aber die meisten liefen herum, um irgend etwas Bekömmlicheres zu finden. Der Engel setzte sich neben Ima, legte den Arm um ihre Schulter und knabberte noch ein bißchen an dem heilkräftigen Blatt. Der Geruch des Gifts ließ allmählich nach. Der Engel sah schon viel besser aus. Und das war ein Glück, denn die Schafe hatten versehentlich alle übrigen Pflanzen zertrampelt. Zum zweiten Mal an diesem Tag seufzte Ima.

SECHS

Als Lila Ima im Weinberg zurückließ, folgte sie einem staubigen, ausgetretenen Pfad, der zu dem Ursprung des Essensduftes zu führen schien. Je näher die Stadt kam, desto breiter und staubiger wurde der Pfad, und Lila roch an Steinen und Häuserwänden immer wieder die Markierungen anderer Hunde. Sie beschnüffelte diese Markierungen sehr gründlich und fand heraus, daß sie von männlichen und weiblichen Hunden stammten, manche von hohem Rang. Das machte ihr Sorgen. Entmutigend war auch der Umstand, daß alle Markierungen, selbst die der höherrangigen Hunde, ein bitteres Aroma enthielten, das auf Hunger hinwies. Offenbar hatten die Hunde hier nicht viel zu fressen.

Vor allem ein bestimmter Hund beunruhigte Lila. Ein Rüde, der offenbar der Anführer war. Seine Duftmarke war überall zu finden und überlagerte fast alle anderen, als ob er hier allein das Sagen hätte. An der Höhe, in der er seine Markierung anbrachte, konnte Lila ablesen, daß er nicht ganz so groß war wie sie, aber stark war er mit Sicherheit trotzdem, und falls es zu einem

Kampf käme, würden ihm die anderen Hunde beispringen. Er war ein ernst zu nehmender Gegner. Wenn er sie hier nicht dulden wollte, würde sie ziemlichen Ärger bekommen.

Trotzdem lief Lila weiter, getrieben vom Hunger und der vagen Aussicht auf Futter. Als die Sonne aufging, erreichte sie den Stadtrand, und da sie den anderen Hunden solange wie möglich ausweichen wollte, wählte sie einen unscheinbaren Pfad, eine schmale Gasse, die zwischen Gipsmauern entlangführte. Zufällig führte diese Gasse auf den Hauptplatz.

Lila war nie zuvor in einer Stadt gewesen und darum gar nicht auf das vorbereitet, was sie hier erwartete. Sie war nicht vorbereitet auf so viele Häuser oder auf die Menschenmenge, die sich auf der anderen Seite des Platzes in der Nähe einer großen Herberge versammelt hatte. Innerhalb der Herbergsmauern befand sich ein Stall, der trotz seines schäbigen Zustands offenbar der Mittelpunkt des ganzen Trubels war.

Tauben- und Schwalbenschwärme kreisten um die Häuser oder hockten auf den niederen Mauern, die die flachen Dächer umschlossen. Und Engel, einschließlich einiger Engel, denen Lila im Weizenfeld begegnet war, saßen nebeneinander auf den Dächern. Andere flogen herum, als suchten sie nach einem Platz, wo sie sich niederlassen konnten. Kaum verließ ein Engel seinen Platz, landete sofort der nächste dort. Lila hatte noch nie einen solchen Tumult erlebt. Sie empfand Scheu und Furcht und zwängte sich in eine enge

Lücke zwischen zwei Häusern, aus der sie alles so unauffällig wie möglich beobachten konnte.

Das kleine Dorf Bethlehem war nicht auf einen solchen Ansturm eingerichtet. Schon Tage, ja Wochen zuvor waren Leute angekommen, die nichts mit dem Stern zu tun hatten. Einem reichsweiten Erlaß des römischen Schatzamts folgend, kehrten die Menschen in die Provinzen zurück, in denen sie geboren wurden, um mit den Behörden über ihre Steuerabgaben zu verhandeln. Viele von ihnen blieben in Bethlehem, denn dort gab es eine gute Herberge, und außerdem war hier alles viel preiswerter als in der großen Stadt Davids. Und dann hatte der Stern, mit seiner Botschaft der Hoffnung, aus einem Umkreis von vielen Meilen Pilger angelockt. Aus nahegelegenen Dörfern waren Händler mit ihren Familien gekommen, Hirten waren mit ihren Schafen von den Bergen herabgestiegen, und eine Karawane von Kaufleuten, denen der Stern während ihres Nachtlagers in der Wüste aufgefallen war, hatte einen Umweg gemacht. Schon vor der Geburt Christi hatten die Steuerzahler alle Zimmer der Herberge belegt, und am vierten Tag nach Erscheinen des Sterns waren überall in der Stadt Pilger einquartiert. Selbst die Dorfältesten hatten ihre Häuser voller Gäste.

Auf eine Hündin vom Land mußte die Stadt einschüchternd wirken. Lila war von einer so intensiven, verwirrenden Wolke von Gerüchen umhüllt, daß sie die einzelnen Düfte gar nicht mehr unterscheiden konnte. Obwohl

Ein riesiges langhalsiges Tier, wie sie noch nie eins gesehen hatte, kam eine Gasse herunter.

gerade erst die Sonne aufgegangen war, hatten die Händler schon ihre Stände aufgeschlagen und verkauften Datteln und Orangen. Die robusteren Bettler hatten sich die besten Plätze erobert und baten die Passanten um Almosen. Die Stadtbewohner verkauften Brot und Geflügel – vorwiegend Hühner und Tauben –, und Wasserträger mit tropfenden Wasserschläuchen boten durstigen Reisenden, die nicht wußten, wo sich die Quelle befand, becherweise Wasser an.

Plötzlich schrak Lila durch ein seltsames lautes Brüllen und Ächzen hoch. Ein riesiges langhalsiges Tier, wie sie noch nie eins gesehen hatte, kam eine Gasse herunter. Sein Rücken war wie ein Hügel gebuckelt, seine grinsend hochgezogene Oberlippe wie die eines Hasen gespalten. Das Tier hatte einen schwankenden Gang und stank so beißend, daß Lila niesen mußte. Seine Satteltaschen scheuerten an den Hauswänden entlang. Gemächlich schritt es durch die Gasse und blickte verächtlich auf die Fenster im ersten Stock. Lila kräuselte vor Angst die Nase und drückte sich noch enger gegen die Wand.

Beim Anblick des Hundes gab das große Tier einen unmutigen Laut von sich und jagte Lila einen solchen Schrecken ein, daß sie unwillkürlich losbellte. Das Kamel, denn darum handelte es sich, hob den Kopf und spuckte sie an, dann hob es, ohne im Gehen einzuhalten, sein langes kräftiges Vorderbein und versetzte Lila einen Fußtritt in die Rippen. Lila jaulte auf. Einer der Kameltreiber fluchte, drängte sich an dem Kamel vorbei, hob seine Peitsche und versetzte Lila einen so schlimmen Hieb, daß sie winselnd und jaulend auf den Platz floh, wo ein weiterer Treiber sie auch noch mit seinem Stock verfolgte.

Verstört zwängte sich Lila zwischen ein Faß und eine Hauswand. Von dort aus konnte sie hören, wie das Kamel immer noch unmutige Laute von sich gab und spuckte und wie die Sättel knarrten. Aus Furcht, einer der Treiber könnte sie entdecken und noch einmal schlagen, verkroch sie sich so tief wie möglich und spähte gerade rechtzeitig aus ihrem Versteck, um ein zweites Kamel zu erblicken, das dem ersten folgte, und noch eins und noch eins, insgesamt acht Kamele. Drei davon trugen große bärtige Männer auf ihrem Rücken. Andere Männer liefen voraus und hinterdrein.

Lila hatte den Eindruck, daß die drei bärtigen Reiter wichtige Männer waren – ganz anders als die Kameltreiber. Diese drei Männer saßen nicht nur oben im Sattel, sondern benahmen sich auch ruhig und selbstsicher, nicht so wütend und hektisch wie die Treiber. Sie ritten in stolzer Haltung, mit geradem Rücken und hocherhobenem Kopf. Ähnlich sahen sie sich nicht – der eine hatte schwarze Haut und weißes Haar, der andere braune Haut und schwarzes Haar, und der dritte hatte weiße Haut und braunes Haar –, aber sie verhielten sich gleich. Ihre Gesichter waren ernst – sie schienen tief in Gedanken versunken. Sie würdigten das Treiben in der Stadt keines Blickes. Lila war klar, ihnen gehörten die Kamele, und die anderen Männer gehörten ihnen auch.

Und was für Kamele! Sie erfüllten die enge Gasse mit ihren Leibern, sie erfüllten die Luft mit ihrem beißenden Geruch, mit ihrem unwilligen Stöhnen und Schreien, dem lauten Knarren ihrer Sättel. Irgendwie erinnerten sie an riesige Berge. Die Treiber quetschten sich schreiend und fluchend an ihnen vorbei. Jedes Kamel, das aus der Gasse kam, mußte sich neben die anderen auf den Dorfplatz stellen, den sie allmählich ganz für sich beanspruchten. Dann mußten sich die stöhnenden knurrenden Kamele niederlegen. Erst knickten sie die Vorderbeine ein und katapultierten die drei Reiter nach vorn, dann, nach vielem Gefluche der Treiber, knickten sie widerwillig auch die Hinterbeine ein, und die Reiter machten einen Satz nach oben. Ohne auf das Gespucke und Gestöhne zu achten, fesselte einer der Treiber die eingeknickten Vorderbeine, so daß die Kamele nicht mehr aufstehen konnten.

Aber am meisten verblüffte Lila nicht der Anblick der Kamele. Ihre empfindliche Nase sagte ihr, daß ein Großteil des Gepäcks aus Proviant bestand – ein Schafskadaver, Linsen, Rosinen, frisches Brot, Datteln, Oliven, Orangen – köstlich duftende Lebensmittel, die nur wenige Hunde jemals zu Gesicht, geschweige denn zu fressen bekommen. Lila hätte nie gedacht, daß es so viele eßbare Dinge auf einem Haufen geben könnte. Ihr Herr jedenfalls aß nie so reichhaltig. Diese Vielzahl betäubender Düfte erfüllte Lila mit einer großen Demut, aber sie wußte, daß sie und ihr Hunger hier unerwünscht waren. Sie schluckte heftig, und das Wasser lief ihr schmerzhaft im Maul zusammen.

Plötzlich witterte sie eine Katze. Der Geruch drang aus einem großen Weidenkorb, der seitlich von einem der knienden Kamele herabhing. Durch das Weidengeflecht sah man einen gefleckten Pelz. Nachdem Lila sich vergewissert hatte, daß die Treiber mit ihren Stöcken und Peitschen gerade nicht herschauten, näherte sie sich diesem interessanten Pelz. In dem Korb lag zusammengerollt eine riesige, schlanke Raubkatze – eine Gepardin.

Lila hatte bisher nur einen einzigen Geparden gesehen; er war am Rand einer Ebene entlanggepirscht, auf der Lila ihrem Herrn beim Schafehüten half. Bei Lilas Anblick war der Gepard geflüchtet. Die Gepardin im Korb wäre vielleicht auch lieber davongerannt, aber da das nicht möglich war, fauchte sie Lilas forschende Schnauze mutig an. Doch ihre angelegten Ohren, ihr ängstlicher Blick und ihr nervös durch ein kleines Loch im Weidenkorb zuckender Schwanz zeigten deutlich, daß sie nur so mutig tat. Als Lila sich den Schwanz genauer ansehen wollte, drehte sich die Gepardin zu ihr um und zog ihn ein.

Lila ging um das Kamel herum und sah, daß es noch einen zweiten, kleineren Korb trug. In diesem Korb entdeckte sie einen mächtigen Goldadler. Der Korb und die darunterliegende Flanke des Kamels waren mit weißem

Kot übersät. Drinnen kauerte der Vogel mit leicht geöffneten Schwingen. Seine Augen waren genauso gelb wie die der Gepardin, und er zischte und hackte mit seinem furchtbaren Schnabel nach Lila, als sie näher kam. Doch im Gegensatz zu der Gepardin wirkte der Adler weder zaudernd noch ängstlich. Man sah ihm an, daß er es mit jedem Hund und überhaupt mit jedem anderen Lebewesen oder Ding aufnehmen und stets den Sieg davontragen würde. Die Siegesgewißheit, die aus seinen Augen leuchtete, dämpfte Lilas Neugier. Ziemlich verstört und immer noch auf der Hut vor den Treibern mit ihren Stöcken und Peitschen, trat sie den Rückzug an.

In diesem Moment hörte sie lautes, wütendes Gebell – eine Kampfansage –, und als sie aufsah, erblickte sie am Rand des Dorfplatzes einen dünnen, langbeinigen, kurzhaarigen Hund, der unerschrocken, mit gespitzten Ohren, erhobenem Kopf und hochgerecktem Schwanz am Rand des Dorfplatzes stand. Das war der Moment, den sie gefürchtet hatte.

Da war nichts zu machen. Lila wußte, daß sie sich diesem fremden Hund gegenüber behaupten mußte. Sie vermutete, daß ihm aus den umliegenden Gassen andere Hunde zu Hilfe eilen würden, sobald sie die Geräusche eines Kampfes hörten, und so streckte sie tapfer den Kopf vor, riß die Augen auf, fletschte die Zähne und sträubte ihr Fell. Dann begann sie, sich dem fremden Hund langsam und steifbeinig zu nähern. Sie war so auf ihn konzentriert, daß sie fast die Nase eines Kamels gestreift hätte, ohne zu bemerken, daß das Kamel nach ihr beißen wollte. Sie übersah sogar einen Taubenschwarm, der aufstob, als sie sich näherte. Lila nahm nur noch die kühnen Augen und die entschlossene Haltung des fremden Hundes wahr, und ihr war klar, daß er keinen Zentimeter weichen würde.

Nach ein paar Metern blieb Lila stehen und forderte ihn mit festem Blick zum nächsten Schritt auf. Also fixierte er sie seinerseits und ging steifbeinig auf sie zu. Lila wappnete sich für den bevorstehenden Kampf und machte wieder einen Schritt vorwärts. So schoben sich die Hunde immer näher aufeinander zu. Sie hatten kein Auge mehr für die Kamele oder die drei vornehmen Männer, die aus dem Stall getreten waren und jetzt, ohne sich um die vielen Bettler zu kümmern, in ihren Satteltaschen kramten. Die Kameltreiber standen daneben und nahmen Gegenstände entgegen, die ihnen die Männer reichten. Doch auch darauf achteten die Hunde nicht. Sie hatten nur noch Augen füreinander.

Als die drei Männer alle Gefäße und Kästchen aus den Satteltaschen geholt hatten, schritten sie feierlich zum Stall zurück. Sie trugen die Gegenstände behutsam vor sich her. Wieder scharten sich die Bettler um sie. Auf dem Weg zum Stall zog die Gruppe zwischen Lila und dem fremden Hund, der weiter drohend auf sie zukam, hindurch. Das bewirkte, daß die beiden

Aus der Nähe wirkte er gar nicht
mehr so bedrohlich.

Hunde sich plötzlich nicht mehr sehen konnten. Auf Lila hatte dies beinahe die gleiche Wirkung, als wenn der Fremde aus Feigheit den Blick gesenkt hätte. Ermutigt eilte sie vorwärts, und als die Menschen verschwunden waren, stand sie ihm plötzlich verblüfft Auge in Auge gegenüber.

Als sie seine entschlossene Haltung und seinen harten Blick sah, blieb sie abrupt stehen. Lila erkannte, daß dies der Hund war, der überall seine Markierungen gesetzt hatte, der Leithund des Dorfes. Doch aus der Nähe wirkte er gar nicht mehr so bedrohlich. Erstens war er nicht so groß wie sie. Das waren sowieso nur wenige Hunde. Zweitens wirkte er jünger. Sie war nicht mehr so besorgt und entspannte sich ein wenig. Er nutzte diesen Moment, um einen Schritt auf sie zu zu machen. Plötzlich waren sie Seite an Seite, sahen aneinander vorbei, wandten sich dann aber einander zu, um sich zu taxieren. Lila wollte sich wegdrehen, um ihn nicht an ihr Hinterteil zu lassen, aber er drückte schnell und kräftig seine Schnauze gegen ihre Schulter. Unter dem Druck blieb Lila unbeweglich stehen. Mit aufgerissenen Augen, halb herabhängenden Ohren und erhobener Vorderpfote stemmte sie sich von ihm weg. Der kühne Fremde ignorierte das Signal der weggedrehten Hüften, des eingekniffenen Schwanzes und begann, sie gründlich zu beschnüffeln. Er informierte sich über ihr Geschlecht, ihr Alter, den Zustand ihrer Gebärmutter und ihrer Ovarien, den Inhalt ihres Magens und ihrer Eingeweide, er stellte fest, wieviel und was sie in der letzten Zeit gefressen hatte, ob sie mit den Dorfhunden verwandt war (nein) und, so genau es eben ging, woher sie stammte. Sein Kopf reichte ihr nur bis knapp über die Schulter, doch als er sie umkreiste, stieß er erneut seine Schnauze in ihr Fell, als ob er sie auf ihrem Platz halten wolle. Anscheinend dachte er, er sei ihr im Rang überlegen.

Doch dann, als die Untersuchung abgeschlossen war und er Lila ansah, merkte sie, daß sich sein ganzer Körper entspannt hatte und sein Blick aufmerksam und zärtlich war. Er hätte gern gewußt, was sie von ihm hielt. Er wollte, daß sie ihn mochte. *Er* mochte sie offenbar sehr.

Der fremde Dorfhund hatte einen kräftigen, wenn auch mageren Körper, sehnige, ebenfalls magere Läufe. Er hatte ein kurzes Fell, spitze Ohren, ein schmales Gesicht und eine dunkel gefleckte Zunge. Er hieß Yom – nicht, daß Lila das je erfahren hätte, es war nur der Name, den ihm sein früherer Besitzer gegeben hatte, wahrscheinlich wegen seines sandfarbenen Fells. Zur Zeit war er herrenlos. Mit seinen früheren Besitzern war irgend etwas schiefgelaufen – er wußte nicht was.

Eines Tages hatte er bei seiner Rückkehr ein leeres Haus vorgefunden, und die Familie war verschwunden. Er hatte mehrere Tage auf sie gewartet, doch dann zogen neue Leute ein und jagten ihn weg. Und so lebte er mit den anderen Dorfhunden zusammen, von denen die meisten kein Zuhause hatten. Mit ihnen stöberte er in der Gosse nach Abfällen, fing hie und da eine Maus, eine Ratte oder Taube und trank in der Nähe der Tränke, an der umzäunten Dorfquelle, das Wasser, das sich in den Hufabdrücken des Viehs und der Esel sammelte.

Lila beschnupperte ihn. Sein Fell roch nach dem Leben auf der Straße. Sein energischer Gang, die spitzen Ohren und die kühne Haltung ließen ihn sehr selbstsicher wirken. Die Narben an seinem Hals, an seinen Ohren und Beinen sagten Lila, daß er viele Kämpfe erlebt hatte, und sein stolzes Auftreten sprach dafür, daß er fast immer siegte. Da sie jetzt mehr über die zärtlichen Gefühle herausfinden wollte, die er für sie empfand, ließ sie sich auf die Vorderläufe nieder, um ihn zum Spielen aufzufordern. Aber plötzlich merkte sie, daß sich ihnen eine Hundemeute näherte.

Das waren die Dorfköter, vor denen Lila sich so gefürchtet hatte. Lautlos waren sie aus einer Gasse herbeigeschlichen, während Lila und Yom sich so intensiv miteinander beschäftigt hatten. Lila nahm ihren ganzen Mut zusammen und stellte sich ihnen entgegen. Es waren drei Rüden und zwei Hündinnen. Alle fünf ähnelten Yom: sie waren mager, hatten sandfarbenes Fell, geschweifte Schwänze, spitze Ohren und schmale Gesichter. Mit gesenktem Kopf, gesträubtem Fell und langen weißen Zähnen starrten sie Lila wütend an. Sie merkte, daß ihr hier ein Kampf bevorstand, den sie trotz ihrer Größe nicht unbedingt gewinnen würde. Sie wartete, wessen Partei Yom ergreifen würde.

Mit erhobenem Kopf und aufgerichtetem Schwanz, die Pfoten fest auf den Boden gestemmt, stellte sich Yom ohne Zögern zwischen Lila und die Dorfköter. Wer sie angreifen wollte, bekam es mit ihm zu tun, und zwar als erstem. Lila sah, daß sie zauderten. Offenbar hatte Yom seine Narben nicht umsonst davongetragen. Einen Moment lang standen alle reglos da und warteten. Die beiden Hündinnen taxierten Lilas lange Zähne und ihre beachtliche Körpergröße. Die drei Rüden fixierten Yom und erkannten, daß er Lila für sich allein beanspruchte. Plötzlich trat einer der Rüden – äußerlich ruhig, obwohl sich ihm das Fell sträubte – in stolzer Haltung auf Lila zu, als wolle er sie gründlich beschnüffeln, wie es zuvor Yom getan hatte. Yom fuhr herum und klappte mit einem kurzem Bellen dicht vor der Schnauze des anderen Rüden die Kiefer zusammen. Keiner würde Lila beschnüffeln außer ihm. Der andere Hund wandte sich ab, senkte die Ohren und blinzelte. Er würde sich nicht mit Yom anlegen. Als habe er jedes Interesse an Lila verloren, trat er beiseite und zog sich steifbeinig zu einer nahegelegenen Mauer zurück. Nachdem er sie kurz beschnüffelt hatte, setzte er nachlässig eine Duftmarke, als hätte das in diesem Augenblick keine Bedeutung für ihn. Die beiden anderen Rüden taten es ihm gleich. Dann drehten alle drei ab, trotteten steifbeinig davon und markierten noch ein paar andere Mauern. Die Situation entspannte sich. Die beiden Hündinnen ließen zu, daß Yom zur Begrüßung ihre Nasen anstupste, dann folgten sie ihren Gefährten über den Platz und verschwanden zwischen den Kamelen. Lila sah Yom an und wartete, ob er bei ihr bleiben oder den anderen folgen würde. Zu ihrer Freude blieb er bei ihr.

Yom und Lila spielten ein paar Sekunden miteinander. Dann sprang Yom davon, und Lila rannte ihm fröhlich hinterher. Er führte sie zwischen den unmutig knurrenden Kamelen hindurch zur Tür der Herberge, dorthin, wo der Sternenduft am betäubendsten war. Und Yom hatte genau den richtigen Moment erwischt – gerade, als sie die Tür erreichten, warf der Koch ein paar Küchenabfälle heraus. Die beiden Hunde verscheuchten eine Ratte und ein paar Tauben und machten sich über die Schafsknorpel und Gemüsereste her. Kurz darauf trafen ein paar Engel ein, die vielleicht auch gern etwas von den Gemüseresten gehabt hätten, aber es war kein Krümelchen übriggeblieben.

SIEBEN

Die Könige waren aufgrund einer Prophezeiung nach Bethlehem gekommen. Statt während der Reise in den lärmenden, schmutzigen Städten Quartier zu beziehen, hatten sie beschlossen, selbst für ihre Unterkunft zu sorgen.

Aus seiner Heimat Nubien hatte der weißhaarige, schwarzhäutige König Melchior Zelte aus schwerer Seide mitgebracht; aus seiner Heimat Indien hatte der schwarzhaarige, braunhäutige König Kaspar kostbare Teppiche mitgebracht; und aus seiner Heimat Tarsis hatte der braunhaarige, weißhäutige König Balthasar Kochgeschirr und Bettzeug mitgebracht. An jedem Abend der Reise wies der Haushofmeister die ihm unterstellten Diener an, in der reinen, stillen Schönheit der Wüste ein Lager aufzuschlagen.

Mit soviel Reisegepäck dauerte das natürlich sehr lange, und darum mahnte der Haushofmeister die anderen Diener zum Aufbruch, sobald die Könige in den Stall gegangen waren, um ihre Gaben – Gold und kostbare Harze – darzubringen. Sie sollten mit ihm vorausgehen, um die Zelte aufzuschlagen, Teppiche und Decken auszubreiten und das Abendessen zu kochen. Wenn die Könige später folgten, würde alles bereit sein.

Unter dem Geschrei der Kameltreiber, dem Ächzen und Brüllen der Kamele, rüstete sich der größte Teil der Karawane zum Aufbruch. Diesmal bestiegen sogar die Diener Kamele, bis auf einen der Treiber, der ihnen die Fußfesseln löste, als alle anderen schon im Sattel saßen. Befreit richteten sich die schönen Tiere auf – mit den Hinterbeinen zuerst –, und die nach vorn rutschenden Reiter hielten sich krampfhaft am Zaumzeug fest. Bis sich der Zug in Bewegung setzte, stand der Treiber auf einem der eingeknickten Vorderbeine des letzten Kamels und schwang sich dann schnell in den Sattel, bevor das Tier ebenfalls aufsprang. Zwei herrliche weiße Reitkamele zwang man zu warten, da sie später die Könige tragen sollten, und sie zerrten stöhnend an ihren Fesseln, als sie sahen, daß man sie zurückließ.

Langsam leerte sich der Platz bis auf die zwei unglücklichen Kamele. Tauben flogen herab und pickten im Dung. Die Karawane zog auf einem schmalen Pfad westwärts. Dort, so hatte der Gastwirt versprochen, würde man auf ein schönes Stück Land treffen; dort gebe es eine Quelle und einen windgeschützten Lagerplatz zwischen zwei Hügeln.

Außerdem hatte der Wirt König Kaspars Jägern versichert, wegen der Quelle gebe es auch Gazellen und Trappen. König Kaspar frönte auf seinen Reisen gerne der Jagd. Wann immer es möglich war, führte er seinen Adler und seine Gepardin mit. Er liebte die Jagd, und das allgemeine Interesse, das seine Tiere hervorriefen, erfüllte ihn mit leisem Stolz. Die Tiere allerdings teilten diese Gefühle nicht. Eingesperrt in ihre Körbe, die das letzte der Kamele auf seinem Rücken trug, waren sie den neugierigen Blicken der Schaulustigen ausgesetzt. Die Gepardin machte keinen Hehl daraus, was sie empfand; sie kauerte mit verschrecktem Blick hinter dem Weidengeflecht. Der Adler aber hielt allen Blicken stand. Die Gaffer ließen ihn völlig kalt. Er trug den Kopf hoch, als sei ihm gar nicht bewußt, daß er an seinen Klauen Lederfesseln trug, die mit einem Metallbügel verbunden waren.

*D*ie Hunde schauten dem Adler hinterher. Sie hatten gefressen und lagen jetzt hinter der offenen Stalltür. Menschen und Engel gingen ein und aus; vor allem wenn sie sich rasch bewegten, wehten kleine Duftwölkchen hinter ihnen her. Lila schnupperte, um genauer herauszufinden, was sich in dem dunklen Stall tat, und ihre Nase sagte ihr, daß dort zwei Esel standen, ein männlicher und ein weiblicher. Auch eine Kuh und ihr Kalb befanden sich dort drinnen, außerdem ein Schafbock, ein paar Mutterschafe, eine Schleiereule, eine Rattenkolonie, einschließlich jener Ratte, die Yom und Lila von ihrem Freßnapf vertrieben hatten, und eine Mäusekolonie. Lila witterte Heu und Stroh, Milch und Korn, einige Gegenstände aus Leder, viele verschiedene Tuchsorten – die Gewänder der Menschen –, ein kleines bißchen Wasser, eine Frau, die Milch in den Brüsten hatte und von der kurz zurückliegenden Geburt noch etwas blutete, und schließlich viele Männer, unter anderem jene, die mit den Kamelen angekommen waren. Lila versuchte herauszufinden, welches die Könige und welches die Diener waren. Da sie ihre persönlichen Gerüche aber nicht kannte, brauchte selbst sie ihre Augen, um sie dem Rang nach zu unterscheiden. Die Könige wirkten stolz und ruhig, die Diener geschäftig, ängstlich und demütig. Und auch ihre Kleidung sah anders aus. Doch vom Geruch her waren es alles Männer, die mit Proviant, einer Gepardin, Weihrauch und Myrrhe von weit her auf Kamelen hierhergereist waren. Darüber hinaus waren sie nicht zu unterscheiden. Aber in dem Stall war auch vieles, was mit den Königen oder ihren Dienern nichts zu tun hatte. Zum einen roch es sehr stark nach dem Stern. Erst hatte Lila gedacht, der Duft ströme von den ein- und ausgehenden Engeln aus. Sie erkannte den großen männlichen Engel, der damals, als sie sich zum ersten Mal begegnet waren, zwischen seiner Engelsschar und Lila gestanden hatte. Lila duckte sich tief und begrüßte den Engel, der sie ebenfalls erkannte und die beiden Hunde mit einer langsamen anmutigen Geste hereinwinkte.

Yom und Lila sahen sich an. Yom schien das Ganze nicht geheuer zu sein. Die Einwohner Bethlehems hielten nicht viel von streunenden Hunden, und er war schon oft von der Tür dieser Herberge weggejagt worden. Doch

Leise drängte sich Lila zwischen sie,
bis sie in die Krippe sehen konnte.

Lila sah keinen Grund, die Einladung des Engels nicht anzunehmen, und trat sehr vorsichtig ein, jederzeit auf einen Fußtritt, auf einen Stock- oder Peitschenhieb gefaßt.

Langsam sträubte sich ihr Fell, und sie bekam eine Gänsehaut wie vor einem Gewitter. Sie wußte, daß den Stall eine außergewöhnliche Kraft erfüllte; sie wußte, daß sich an diesem dunklen staubigen Ort viele wichtige Dinge befanden, die man nicht sah. Wieder witterte sie den Duft des Sterns, stärker denn je. Sie kam vom anderen Ende des Stalls, diese Sternessenz aus Honig und Wasser, Fels und Zeder, und schien sich wie der Duft einer frisch erblühten Blume zu verströmen, rein, schön, beinahe betäubend. Sehr demütig, sehr wachsam drückte sich Lila an der Wand entlang und näherte sich langsam und möglichst unauffällig dem Ort, von dem der Duft ausging.

Bald merkte sie, daß er einer Krippe entströmte. Mehrere Leute, meist Könige und Pilger, knieten um die Krippe herum. Sie hatten die Köpfe geneigt, die Augen geschlossen und hielten die Hände mit aneinandergelegten Handflächen unter der Nase. Lila wußte, daß sie um irgend etwas baten. Auch Hunde duckten sich demütig, wenn sie um etwas bettelten. Leise drängte sich Lila zwischen sie, bis sie in die Krippe sehen konnte.

Zu ihrer Überraschung lag darin etwas, das eindeutig ein kleines Kind war. Es lag auf Stroh gebettet, tief schlafend mit geballten Fäustchen, genau wie die Kinder ihres Herrn und dessen Frau. Aber Lila erinnerte sich an den

Geruch dieser Babies – eine Mischung aus leicht säuerlicher Muttermilch und warmer, sauberer Haut –, und sie begriff sofort, daß das Kind in der Krippe kein menschliches Wesen war. Es hatte zwar fraglos etwas mit den Menschen zu tun, und selbst für Lila sah es genau wie ein Menschenkind aus. Doch an der starken Kraft, die von der Krippe ausstrahlte, an dem fast schmerzhaften Prickeln ihrer Haut merkte Lila, daß das Kind mehr mit den Engeln als mit den Menschen verwandt war, und am allermeisten mit dem Stern.

Lila sah das kleine Wesen lange an. Manchmal bewegte es den Mund, manchmal zuckten seine Augenlider, als träume es davon, an der Mutterbrust zu saugen. Sie wußte, daß alle Säuglinge das taten, sie waren noch zu klein, um etwas anderes zu kennen. Beim Anblick dieses zarten zerbrechlichen Wesens wurde Lila ganz weich ums Herz. Und obwohl sie nur eine Hündin war, die nicht alles verstehen konnte, war ihr beim Anblick des Kindes doch eines klar: Trotz der mächtigen Gewitterkraft und des überwältigenden Sternendufts, die von der Krippe ausströmten, war dieses kleine Wesen hilflos. Warum flehten die knienden Menschen es dann um irgend etwas an? Lila wußte nicht, was sie wollten, aber daß sie etwas wollten, war klar. Ihre Bedürftigkeit machte Lila zu schaffen. Menschen nahmen ihrer Erfahrung nach zwar die meisten Geräusche und Gerüche nicht wahr, aber für Schwäche hatten sie ein feines Gespür. Deshalb war das kleine Geschöpf in Gefahr. Selbst wenn das Kind nicht ihresgleichen war, hätten die Menschen versuchen sollen, es zu beschützen, statt sich von ihm beschützen zu lassen. Es war noch viel zu klein, um ausgenutzt zu werden.

Sie dachte an ihre vier eigenen Jungen: an ihr warmes Fell, ihre fest geschlossenen Augen und Ohren, die kleinen Atemwolken vor den Schnäuzchen. Kurz nach der Geburt hatte sie auf Befehl ihres Herrn die Schafe in den Stall getrieben, im Vertrauen darauf, daß ihr Herr und seine Frau die Hündchen beschützen würden. Jeder hätte das getan. Aber die Menschen hatten sie nicht beschützt. Unerklärlicherweise hatten sie ihre Jungen ins Wasser geworfen! Als Lila heimkam, hatten die winzigen Körper kalt, naß und reglos auf der nackten Erde vor dem Haus ihres Herrn gelegen. Hätte man sie am Leben gelassen, wären sie jetzt schon erwachsen.

Das schlafende Kind erinnerte Lila auch an ihre jungen Schafe, die allein und schutzlos waren. Bald würde der Abend kommen. Lila wußte, daß Ima klug und tapfer war, aber sie wußte auch, daß eine Ziege sich nicht zur Wehr setzen konnte, wenn sich nach Einbruch der Dunkelheit Wölfe und Wildkatzen in den Weinberg schlichen, um herauszufinden, was sich dort bewegte.

Der Gedanke an die hilflosen Wesen, die ihren Schutz brauchten, machte Lila nervös. Sie warf noch einen letzten Blick auf das schlafende Kind in der Krippe. Dann zog sie sich leise zurück und trat in die Nachmittagssonne hinaus.

Yom begrüßte sie stürmisch, aber sie dachte jetzt nur noch an ihre Schafe. Statt flach die Vorderläufe auf den Boden zu pressen, um ihn auf diese Weise zum Spielen aufzufordern, sah sie ihm lange und tief in die Augen. Bitte komm mit, sagte ihr Blick. Dann trottete sie mit gesenktem Kopf und Schwanz langsam über den Platz. Ab und zu schaute sie über die Schulter, ob er ihr folgte. Yom zögerte einen Moment und warf einen Blick zur Tür des Stalls, aus der ja vielleicht im Lauf des Tages noch mehr Futterbrocken fliegen könnten.

Lila wußte, was er dachte. Auch sie wäre gern in der Nähe der Futterquelle geblieben, im Weinberg gab es so gut wie nichts zu fressen. Sie hätte es akzeptiert, wenn Yom hiergeblieben wäre. Doch zu ihrer Freude hellte sich sein Gesicht auf, und er rannte ihr hinterher. Lila war so glücklich darüber, daß sie sich jetzt doch auf die Vorderläufe niederließ. Zärtlich nahm er ihre Schnauze ins Maul. Sie tollten einen Moment herum, dann trabten sie mit steil aufgerichtetem Schwanz gemeinsam westwärts, direkt in den Strudel aus Düften hinein, den die königliche Karawane hinterlassen hatte – eine berauschende Mischung aus Kamel, Mensch, Raubkatze, Myrrhe und erlesenen Delikatessen. Angetrieben von Lilas Gefühl, daß sie dringend gebraucht wurde, und von den verheißungsvollen Düften, blieben die beiden Hunde nur ab und zu kurz stehen, um den Kameldung oder die Duftmarken anderer Hunde zu beschnüffeln.

ACHT

Unter den breit ausladenden Olivenbäumen am Rand des Weinbergs lagen Ima und die Schafe und käuten wieder. Der Engel, dem es jetzt viel besser ging, ruhte mit dem Kopf auf Imas Flanke und schlief ein wenig. Dann striegelte er die jungen Schafe, kratzte sie hinter den Ohren und seitlich an der Nase. Das gefiel den Schafen, und sie drängelten sich um ihn. Aber die Schatten wurden länger, und Ima hatte ein ungutes Gefühl. Sie wollte die Nacht nicht ohne Lila verbringen. Obwohl sie noch gar nicht mit Wiederkäuen fertig war und in dem Brei immer noch grobe Stengel und Rindenstückchen steckten, schluckte sie ihn hinunter, stand auf und hielt Ausschau nach der Hündin.

Wie auf ein Zeichen erhoben sich auch alle anderen. Die jungen Schafe schwärmten aus, um zu weiden, und der Engel kauerte sich nieder und suchte unter den Weinstöcken nach getrockneten Trauben. Ima wollte sich vor den jungen Schafen nichts von ihrer Angst anmerken lassen. Sie überlegte gerade, ob sie noch einmal auf den Baum steigen sollte, als sie plötzlich ein

Flügelrauschen hörte. Sie hoffte, daß vielleicht jemand gekommen sei, um nach dem jungen Engel zu suchen. Aber als sie aufsah, erblickte sie keinen Engel, sondern einen Adler. Seltsame Lederriemen baumelten von seinen Klauen und verliehen ihm etwas Bizarres – ein riesiges, gefährliches, frei herumfliegendes Tier, das Fußfesseln trug. Auch die Schafe sahen verblüfft auf.

Dann schwebte der Adler direkt über ihnen. Ima bekam einen Schrecken. Vor Jahren hatte sie gemeinsam mit Lila Schafe gehütet und etwas erlebt, was den jungen Schafen bis jetzt erspart geblieben war: Ein Adler war auf ein Lamm herabgestoßen, hatte das hilflose Tier von seiner Mutter weggerissen und davongetragen. Und weder Ima noch Lila, noch das Mutterschaf konnten etwas dagegen tun. Plötzlich merkte Ima, daß alle Vögel im Weinberg verstummt waren. Dieser langsam kreisende Vogel beobachtete sie und ihre Schützlinge. Ima stieß mit den Hörnern in die Luft, um ihm zu zeigen, wie sie auf ihn einstoßen würde, wenn er näher käme. Doch der Adler interessierte sich nicht mehr für sie und die Schafe – er hatte etwas anderes entdeckt: ein großes gefiedertes Wesen, das sowohl ihm als auch dem Falkner Freude machen würde. Darum neigte er sich seitwärts und flog mit flatternden Fußfesseln in großem Bogen davon.

Die Schafe begannen weiterzugrasen. Ima jedoch gefiel der Adler überhaupt nicht, und sie behielt ihn und sein langsames Abschwenken im Auge. Ihr Blick ging von ihm zu den Schafen und von den Schafen zum Engel, und plötzlich kam ihr ein furchtbarer Gedanke. Mit einem lauten Warnschrei stürmte sie in Bocksprüngen auf den Engel zu und jagte ihm einen furchtbaren Schrecken ein. Doch Ima hatte die Gedanken des Adlers erraten. Der Engel sah gerade noch rechtzeitig auf, als der riesige Vogel mit ausgefahrenen Klauen aus dem Licht auf ihn niederstieß. Im letzten Moment sprang der Engel beiseite und brachte ihn aus dem Gleichgewicht.

Von dem Moment an, als der Adler hoch droben in der Luft seine Schwingen gefaltet hatte und auf das gefiederte Wesen herabgestoßen war, hatte er erwartet, seine Klauen in einen großen Vogel zu schlagen. Als statt dessen plötzlich ein Engel vor ihm stand, war der Adler verblüfft. Vor Schreck wäre er fast abgestürzt. Es gelang ihm gerade noch, auf den Füßen zu landen, obwohl er bedenklich wackelte und sich mit Schwingen und Füßen ausbalancieren mußte. Er und der Engel sahen einander an.

Der Adler war riesig. Sein Kopf reichte dem Engel fast bist zur Taille. Er war auch etwas verärgert, so, als hätte der Engel ihn zum Narren gehalten. Wie immer war er kunstvoll und geschickt auf einen Vogel herabgestoßen, nur um im allerletzten Moment zu entdecken, daß es sich keineswegs um einen Vogel handelte. Der Adler liebte keine Überraschungen und starrte den Engel wütend an.

Auch der Engel war etwas verärgert. Da suchte er friedlich nach Weinbeeren, und plötzlich stieß dieser riesige Drache vom Himmel auf ihn herab.

Ein Naturgesetz besagt, daß Vögel nicht Jagd auf Engel machen und Engel nicht Jagd auf Vögel, vor allem deshalb, weil beide der Luft angehören und miteinander verwandt sind. Der junge weibliche Engel hatte noch nie davon gehört, daß ein Vogel einen der ihren angegriffen hätte. Adler und Engel tauschten mißbilligende Blicke.

Falls es dem Adler leid tat, ließ er sich nichts davon anmerken. Falken und Adler entschuldigen sich nie für ihre Fehler und zeigen auch keine Reue – sie blinken nicht mal mit ihren gelben Augen. Sie geben sich immer kühl und unbeteiligt, so sind sie eben. Aber das heißt keineswegs, daß sie nicht genau wissen, wann sie einen Fehler gemacht haben. Und der Adler wußte es. Er warf einen letzten Blick auf den Engel und trat – eine höfliche Geste – etwas beiseite, um nicht direkt über ihm abzuheben. Dann breitete er seine starken Schwingen aus, beugte sich vor, machte flügelschlagend ein, zwei Schritte und erhob sich majestätisch in die Luft. Sehr würdevoll zog er seine Kreise, gewann an Höhe und flog Richtung Süden davon. Das war alles. Verglichen mit der Schande der hinter ihm dreinwehenden Fußfesseln – eine Schande, die er mühelos verwand –, schien das eben passierte Mißgeschick kaum ins Gewicht zu fallen.

Ima erwartete keine Belohnung oder Dankbarkeit für ihre Hilfsbereitschaft; das war selbstverständlich gewesen. Sie empfand einfach nur Erleichterung, daß nichts passiert war und daß der Adler davonflog. Deshalb war sie tief gerührt, als sich der Engel neben sie kniete und sie umarmte. Eine Ziege hätte das nicht getan – Ziegen reiben in solchen Situationen die Köpfe aneinander –, aber es war trotzdem sehr aufmerksam. Die Geste gefiel Ima, und obwohl sie etwas verlegen war, wackelte sie mit dem Schwanz.

Als der Adler nur noch als winziges, mückengroßes Pünktchen zu erkennen war, schwang sich auch der junge Engel in die Luft und flog gen Osten, genau in die Richtung, in der auch Lila am Morgen verschwunden war. Vielleicht würde der Engel Lila entdecken, dachte Ima. Vielleicht würde Lila den Engel sehen und sich erinnern, daß sie hier gebraucht wurde. Nachts konnten den Weinberg Tiere heimsuchen, die noch weit gefährlicher waren als der Adler.

Aber vielleicht war Lila etwas zugestoßen, oder sie hatte ihre Meinung geändert und wollte Ima und die Schafe nicht länger beschützen. Schließlich war sie ein Hund, keine Ziege. Und wie immer, wenn sie sich sorgte, dachte Ima an den Pferch, in dem sie zur Welt gekommen war, und an ihre Verwandten, die immer treu zusammenhielten. Wie schön wäre es gewesen, sie jetzt hier zu haben und von ihnen beschützt zu werden. Sie hätten alle gegenseitig aufeinander aufgepaßt. So war das bei Ziegen.

Eine junge Gazelle stürzte mit schäumendem Maul und hervorquellenden Augen aus dem Gebüsch und jagte durch den Weinberg, dicht gefolgt von einer riesigen, schlanken, hochbeinigen Raubkatze.

Doch Ima wußte, daß es keinen Sinn hatte, ängstlichen Gedanken oder unerfüllbaren Wünschen nachzuhängen. Mit einem Schwanzwedeln schüttelte sie alles von sich ab. Aber gerade als sie den Kopf in einen Weinstock stecken wollte, um noch ein paar Maulvoll zu fressen, passierte etwas, das noch viel erschreckender war als der Adler. Eine junge Gazelle stürzte mit schäumendem Maul und hervorquellenden Augen aus dem Gebüsch und jagte durch den Weinberg, dicht gefolgt von einer riesigen, schlanken hochbeinigen Raubkatze mit aufgerissenen Augen und aufgerichtetem Schwanz. Ima und die Schafe starrten entsetzt, dann stoben sie in alle Richtungen auseinander. Doch plötzlich machte die Gazelle kehrt und rannte direkt auf sie zu. Sie fegte wie ein Windstoß durch sie hindurch und hätte sie beinahe umgeworfen, und das nächste, was Ima sah, war ein zappelndes Schaf auf dem Boden, über dem die riesige Gepardin stand und ihm die Kehle durchbiß.

Außer Atem verlangsamte die Gazelle ihren Lauf und drehte sich um. Als sie sah, daß die Gefahr, zumindest was sie betraf, vorüber war, trottete sie davon und verschwand am Ende des Weinbergs zwischen den Olivenbäumen.

Was tun? Ima und die Schafe konnten nur in ohnmächtigem Schrecken zusehen, wie das zu Boden gerissene Schaf starb. Die Gepardin schien keine Gefahr mehr zu sein – sie schien gar nicht auf sie zu achten. Ohne sie eines Blickes zu würdigen, seufzte sie tief und schaute mit blutverschmiertem Gesicht in die Richtung, aus der sie gekommen war. Als Ima ihrem Blick folgte, sah sie eine Staubwolke, in der sie ein weißes Kamel ausmachte. Auf dem Kamel ritten zwei Männer, König Kaspar und sein Jäger. Beide wirkten besorgt, beide trieben das Kamel an.

Die Gepardin schritt an den Weinstöcken entlang und begann, sich das Gesicht zu putzen. Aus Angst vor dem Kamel wichen Ima und die Schafe langsam zum Rand des Weinbergs zurück. Sie wagten nicht zu rennen, da die Gepardin sie sonst womöglich verfolgt hätte. Als die zwei Männer die Gepardin erblickten, ließen sie das Kamel niederknien und glitten von seinem Rücken. Dann sahen sie das gerissene Schaf und schimpften die Gepardin laut und zornig aus. Die kümmerte sich nicht darum und fuhr seelenruhig fort, sich zu putzen. Hatten die Männer ernsthaft geglaubt, sie könnten bei einer Katze Schuldgefühle wecken?

Die beiden Männer schauten sich in alle Richtungen um, riefen und suchten nach dem Besitzer der Schafherde. Der Jäger zog sogar ein Widderhorn heraus und stieß laut hinein. Als aber niemand erschien, warf der König den Kadaver über den Sattel und stieg auf. Der Jäger band das eine Ende eines langen Stricks an das Halsband der Gepardin und stieg dann hinter seinem Herrn auf das Kamel. Auf die Zurufe der Männer hin erhob sich das Kamel erst auf die Hinter-, dann auf die Vorderbeine und machte sich auf den Weg zum königlichen Lager. Erst als das lange Seil sich spannte, erhob sich auch die Gepardin und trottete hinterher. Dem Kamel war nicht wohl dabei, eine so große Raubkatze dicht auf den Fersen zu haben, und die Gepardin lief nur höchst ungern hinter diesen gefährlichen Hufen her, aber was blieb den beiden übrig? Sie machten das Beste draus, trabten mit gesenktem Kopf und angelegten Ohren dahin und waren schon bald außer Sicht.

NEUN

Yom und Lila trabten zielstrebig den staubigen Pfad entlang, der nach Westen führte. Vor ihnen versank die Sonne hinter den Bergen. Als Lila spürte, wie ihr Fell unter dem Einfluß des Sterns sanft zu prickeln begann, drehte sie sich nach dem östlichen Horizont um. Dort erschien der neue Stern – an jenem Abend der erste Stern überhaupt – langsam am dunkler werdenden Himmel. Lila mußte dauernd an Ima und die Schafe denken und lief noch ein bißchen schneller. Je dunkler es wurde, desto größer wurde ihre Sorge.

Yom trottete hinterdrein. Er dachte, Lila folge den Kamelen, und war überrascht, als sie plötzlich nach Norden abbog und im Gebüsch verschwand. Da sie aber genau zu wissen schien, was sie tat, machte er sich keine großen Gedanken und lief hinterher.

Zwischen Dornbüschen und Fächerpalmen hindurch gelangten die Hunde schließlich zum Weinberg. Dort blieb Lila stehen und sah sich um. Auch Yom sah sich um und entdeckte hinter einer Dornenhecke am Rand des

Weinbergs eine Schafherde und eine Ziege. Sie ruhten sich aus und käuten gemächlich wieder. Wunderbar! Anscheinend war kein Schäfer bei ihnen und kein Hund! Mit einem Freudenschrei fing er an zu rennen und hatte bereits ein beträchtliches Tempo drauf, als er neben sich lautes Gebell vernahm und zu Boden stürzte. Lila hatte ihn umgerannt. Erstaunt sah er sie an, suchte nach einer Erklärung, aber sie lief auf die Herde zu.

Als sich die Hunde näherten, erhoben sich die Schafe, schluckten den Futterbrei hinunter und wichen furchtsam tiefer ins Gebüsch zurück. Nur die Ziege kam auf sie zu. Lila wunderte sich über das scheue Gebaren der Schafe, aber sie ging schwanzwedelnd und mit gesenktem Kopf auf Ima zu, um sie zu begrüßen.

Ima stand steif da und ließ zu, daß Lila ihr Maul und ihre Schultern beschnüffelte. Sie reagierte nicht, als Lila sich kurz auf die Ellbogen fallen ließ, um sie zum Spielen aufzufordern, aber damit hatte Lila auch gar nicht gerechnet. Sie hatte nur ihre Freude bekunden wollen. Als sie weiterging, um die Schafe zu beschnuppern, blieb die Ziege dicht an ihrer Seite.

Die Schafe schienen zwischen Vorsicht und Erleichterung hin- und hergerissen. Langsam kehrten sie zu ihren Hirten zurück. Yom sah, daß Lila hierhergehörte. Hier war er der Fremdling, nicht sie. Respektvoll hielt er sich im Hintergrund, als Lila die Schafe beschnupperte, ihre Hufe, ihren Rumpf, ihre Mäuler und Schultern, ganz so, als wären es andere Hunde.

Plötzlich bellte Lila entsetzt auf. Ihr Fell sträubte sich. Mit der Nase am Boden begann sie, hektisch hin und her zu laufen. Ohne zu wissen, worum es eigentlich ging, beteiligte sich Yom an der Suche. Kurz darauf sträubte sich auch sein Fell. Er hatte die Witterung des Todes aufgenommen, die Witterung von Angst und Blut und die Witterung eines Lamms, das er nicht kannte. Wollfetzen hingen in den Weinstöcken. Er witterte auch den Geruch eines weiblichen Kamels, einer Gepardin und zweier Menschen und wußte, daß er sie alle vor der Herberge gesehen hatte.

*I*n dieser Nacht schliefen die Tiere unruhig, wenn überhaupt. Die Schafe legten sich nicht nieder, sondern standen dicht zusammengedrängt. Ab und zu blökten sie, wie um sich zu vergewissern, daß die anderen noch da waren. Ima lag etwas abseits, hielt aber die Augen offen. Lila legte sich erst eine Weile neben Yom, stand dann aber unruhig auf und lief zu der Stelle, an der die Raubkatze das Schaf gerissen hatte. Hier roch die Erde immer noch nach Angst und Tod, nach Blut und Gepard. Wieder beschnüffelte Lila die Wollfetzen in den Rebstöcken und sah das Gesicht des Schafes vor sich. Sie beschnupperte den Pfad, auf dem das Schaf, die Männer und die Gepardin auf dem Kamel verschwunden waren. Der Geruch des Kamels hing über seinen Hufabdrücken, der Geruch der Menschen und Tiere, die es getragen hatte, links und rechts in den Weinstöcken. Hätte sie, Lila, dies alles verhindern können? Sie wußte, daß sie es zumindest versucht hätte.

Die Mondsichel stand im Westen und erinnerte Lila an die Hochweiden, wo ihre Reise begonnen hatte. Sie dachte an ihre verlorenen Jungen. Sie dachte an das hilflose Kind in der Krippe. Und ihr schauderte bei dem Gedanken an all das Schreckliche, das diesem hilf- und schutzlosen Wesen bevorstand. Lila hob den Kopf und jaulte. Plötzlich stand Yom neben ihr und sah sie aufmerksam an. Jetzt hob auch er den Kopf, und sie jaulten gemeinsam, wie Hunde es tun, denen das Herz schwer ist.

ZEHN

Im königlichen Zeltlager waren die Jäger und der Falkner schon vor Tagesanbruch damit beschäftigt, die Tiere des Königs auf einen weiteren Jagdtag vorzubereiten. Mit der Gepardin wurde in der Morgen- und Abenddämmerung gejagt, wenn die Antilopen am aktivsten waren, und mit dem Adler gegen Mittag, wenn die Vögel am aktivsten waren. An diesem Morgen wurden zwei Kamele mitgenommen – ein weißes Reitkamel für König Kaspar und ein großes braunes Lastenkamel für den Falkner, den Jäger, den Adler und, trotz ihrer Missetat vom Vortag, die Gepardin. Enttäuscht über ihr schlechtes Betragen, wollte der Jäger sie an die richtige Beute gewöhnen. Er hoffte, daß die Gelegenheit, eine Gazelle zu jagen, sie zur Raison bringen würde. Ein Diener hatte Proviant sowie Wein- und Wasserkrüge in die Satteltaschen gepackt – die Jagd sollte den ganzen Tag dauern.

König Kaspar überließ die Vorbereitungen seinen Dienern. Wie jeden Morgen seit Erscheinen des Sterns saß er auch heute mit den anderen Königen zusammen: dem braunhaarigen König Balthasar, der sein griechisches

Astrolabium ausgepackt hatte, und dem weißhaarigen König Melchior, der seine Tierkreiskarten aufrollte. Mit dieser Ausrüstung und Kaspars astrologischen Tabellen studierten die Könige den neuen Stern in der Stunde vor Tagesanbruch. Doch als der Morgen dämmerte, ließ Kaspar seine Reisegefährten allein, schwang sich in den Sattel seines weißen Kamels und hieß es aufstehen. Dann ritt er der Jagdgesellschaft nach Norden voran. Das größere, schwerer bepackte Kamel hatte alle Mühe, Schritt zu halten.

Keine hundert Schritte vom Zeltlager entfernt scheuchte das weiße Kamel eine Gazelle auf, ein kräftiges junges Männchen mit prächtigen Hörnern. Es sprang aus den Sträuchern, an denen es geknabbert hatte, und floh nach Westen. Die Jäger ließen die Gepardin frei, die einen Moment brauchte, um herauszufinden, auf was man sie angesetzt hatte, und dann die Verfolgung aufnahm. Der Gazellenbock hielt inne und drehte sich um, um die Gefahr abzuschätzen; als er aber sah, daß sich im raschen Lauf eine Gepardin näherte, hetzte er weiter.

Der Bock war jung und stark und fast so schnell wie die Gepardin. Er war schon vor Wölfen geflohen und wußte, wie man Haken schlägt. Als die Gepardin näher kam, gelang es ihm, sie einen Moment abzuhängen. Und da fiel es der Gepardin plötzlich wieder ein, wie leicht es gewesen war, ein Schaf zu töten. Sie hatte es nur mit einem einzigen Prankenhieb zu Boden werfen und ihm die Kehle durchbeißen müssen. Keine atemlose Hetzjagd, kein wild ra-

Im königlichen Zeltlager waren die Jäger und der Falkner schon vor Tagesanbruch beschäftigt, die Tiere des Königs auf einen weiteren Jagdtag vorzubereiten.

sendes Herz. Ohne Umstände machte sie kehrt, drehte dem Gazellenbock und seinen ausgefallenen Sprüngen den Rücken zu und jagte durchs Gestrüpp in Richtung Weinberg. Als der Jäger das sah, begann er, sie und ihre eigenwillige Katzenart zu verfluchen und stieß ins Horn, um sie zurückzurufen. Aber die Gepardin hörte ihn kaum. Sie war schon außer Sicht, bevor man auch nur die Kamele gewendet hatte.

Von oben bis unten mit Grassamen übersät, eingehüllt in eine Staubwolke, erreichten der König und seine Gefolgsleute den Weinberg. Sie waren sich sicher, ein paar tote Schafe anzutreffen, aber sie waren überhaupt nicht sicher, ob sie ihre Gepardin vorfinden würden. Was sie sahen, verblüffte sie. Die Schafe lebten und waren unversehrt, standen jedoch verstört herum, als sei gerade irgend etwas passiert. Die Gepardin aber war überwältigt worden.

Sie lag fast auf dem Rücken, als sei sie hingestürzt, und man sah ihren weißen Bauch. Über ihr stand ein großer grauer Hund, der sie mit gefletschten Zähnen drohend anstarrte. Mit angelegten Ohren und schlaffen Vorderpfoten war die Gepardin ein Bild der Unterwerfung. Nur der zuckende Schwanz verriet, daß ihr die Situation ganz und gar nicht behagte. Sie fauchte, um zu zeigen, was für scharfe weiße Zähne sie hatte und wie gefährlich sie im Ernstfall werden konnte. Aber die Hündin beeindruckte das nicht.

Den König dagegen schon. Er und sein Jäger betrachteten die Hündin voller Bewunderung. Mit der Gepardin war bis jetzt niemand fertig geworden, und plötzlich kam da dieser Hund und überwältigte sie – und zwar, *bevor* sie Schaden angerichtet hatte, nicht erst hinterher.

Als sich die Kamele näherten, wich die Hündin zurück. Die Gepardin richtete sich auf, als wolle sie fliehen, aber da sah sie den Jäger vom Sattel rutschen und ließ sich erleichtert den Strick ans Halsband knüpfen. Obwohl der Jäger immer noch ärgerlich war, kraulte er ihr widerstrebend den Kopf, als sie sich an ihm rieb. Die Gepardin überließ ihm alles Weitere und ließ sich im Schatten des Kamels auf den Boden plumpsen.

Der König stieg ab und begann aufgeregt mit seinem Jäger zu reden, während er den großen Hund ansah. Lila wußte, daß die beiden über sie sprachen. Da Hunde, wie alle Tiere, undurchsichtiges Verhalten nicht mögen, blieb Lila auf Distanz. Da sie aber aus Erfahrung jedes Wesen, das ihr gefährlich werden konnte, im Auge behielt, beobachtete sie die beiden Männer argwöhnisch. Sie sah, wie der Jäger kurz in einer Satteltasche kramte und ein Seil herauszog. Sie sah, wie der Jäger das Seil über dem Kopf schwang, konnte sich aber nicht erklären, warum. Dann, plötzlich, steckte ihr Hals in der Schlinge.

Die Morgenluft erwärmte sich allmählich. Trappen suchten das Gras nach Heuschrecken ab. Der Falkner bedeutete dem König, daß es Zeit sei, den Adler freizulassen. Die Männer sperrten die sich sträubende Gepardin in den Korb, stiegen wieder in den Sattel und trieben die Kamele an, die widerwillig aufstanden und sich in Marsch setzten. Die Jagdgesellschaft verließ den Weinberg. Ganz oben auf dem königlichen Reitkamel thronte würdevoll der König. Dann folgten auf dem größeren Lastenkamel, das nun auch noch die Hündin hinter sich herziehen mußte, der Jäger, der Falkner, der Adler, die Gepardin und die vollgepackten Satteltaschen.

Verzweifelt und voller Angst, schutzlos in dieser gefährlichen Gegend zurückzubleiben, lief Ima Lila hinterher. Obwohl Lila jetzt in der Staubwolke, die das Kamel aufwirbelte, einfach davongezerrt wurde und wirklich nicht mehr wie ein Wachhund aussah, war sie doch alles, was Ima hatte. Und die Schafe stellten sowieso keine Fragen. Sie folgten ihren beiden Hirten.

Auch Yom lief hinterdrein. Er hatte bestürzt mit ansehen müssen, wie Lila sich gegen den Halsstrick wehrte, hatte ihr aber nicht helfen können. Der Lärm, der Staub, die Kamele und die Männer machten ihm angst, aber er wußte, daß er Lila folgen mußte, egal, wohin sie verschleppt wurde. Nachdem er die dunkle Vorahnung einer großen Gefahr abgeschüttelt hatte, trottete er in einiger Entfernung hinter den Kamelen her. In jedem einzelnen von Lilas Pfotenabdrücken witterte er Angst, und sein Rückenfell sträubte sich.

Als die Jagdgesellschaft die gestrüppreiche Gegend erreichte, wo man auf Trappen hoffte, bemerkten die Männer ärgerlich, daß die Ziege und die Schafherde ihnen gefolgt waren. Doch als der Falkner die Kamele anhalten ließ, um den Adler freizulassen, begannen die Schafe zu grasen, und der König und seine Jäger achteten nicht mehr auf sie. Schließlich wimmelte es in dieser ländlichen Gegend von Schafen. Leise, um die erhoffte Jagdbeute nicht zu erschrecken, ließ der Falkner den Adler auf sein Handgelenk klettern.

Doch Ima hatte von diesem Adler die Nase voll. Als sie das riesige Tier von so nahem erblickte, begann sie zu meckern. Eigentlich hatte sie nur die Schafe warnen wollen, aber alle anderen Tiere in der Umgebung hörten ihr Meckern, einschließlich zweier weitentfernter Trappen. Erschreckt flogen sie auf und davon. Die Jagd war gelaufen.

Wütend warf der Jäger einen Stein nach Ima. Er traf sie am Horn und hätte sie fast betäubt. Sie stürmte davon, mitten in die Schafherde hinein. Die Schafe gerieten in Panik und stoben in alle Richtungen davon. Dies wiederum hatte zur Folge, daß die Kamele aufstanden. Sie wußten zwar nicht genau, was eigentlich los war, aber wenn die anderen Tiere flohen, wollten sie ebenfalls weg, und zwar ohne irgendeinen Reiter, der sie daran gehindert hätte. Lila jaulte, weil sie so hilflos und ohnmächtig war und weder die Schafe noch die Kamele an der Flucht hindern konnte. Yom warf den Kopf zurück und fiel in das Gejaule ein. Dieser Tumult wurde dem Adler zuviel, und er wollte losfliegen, obwohl er noch seine Augenkappe trug. Da aber der Falkner die Fußfesseln festhielt, hing der Adler plötzlich kopfüber in der Luft. Adler sind so würdevoll, daß sie sich nicht einmal durch eine so peinliche Lage demütigen lassen. Mit ausgebreiteten Schwingen hing der Adler einfach reglos da und wartete. Dann erklomm er mit vollendeter Würde das Handgelenk des Falkners und ordnete sein Gefieder, als sei nichts geschehen. Ganz im Gegensatz zu Kaspar, der sein weißes Kamel verfluchte, weil es ihn fast abgeworfen hätte, und die Jagd abbrach.

Als er sich wieder gefaßt hatte, sah sich der König um. Die Vorsehung hatte ihn um eine Gazelle und ein paar Trappen gebracht, weshalb es zum Abendessen kein Wild geben würde. Aber hier tummelte sich eine herrenlose Schafherde, die offenbar einen fremden Weinberg kahlgefressen hatte. Die Reben waren vernichtet, und die Schafe fielen irgendwann sowieso den Wölfen zum Opfer. Wem würde das irgendeinen Nutzen bringen? König Kaspar befahl seinem Jäger und seinem Falkner, die Schafe zusammenzutreiben und ihm nachzufolgen, und ritt zum Zeltlager zurück.

ELF

Lila, der der Strick fast den Hals abschnürte, überlegte verzweifelt, wo das Kamel sie hinzerre. Und als spiele ihr verwirrter Kopf ihr einen Streich, witterte sie den Duft von frisch zubereitetem Essen. Je weiter das Kamel sie zog, desto stärker wurde der Geruch, und als das Kamel plötzlich anhielt und auch Lila stehenbleiben durfte, wurde er geradezu überwältigend. Die Ursache dafür mußte sich ganz in der Nähe befinden.

Das Zeltlager der Könige war zum Schutz vor wilden Tieren mit einem Zaun aus Dornenzweigen umgeben. Deswegen konnte Lila das Essen und die Küche erst sehen, als das Kamel sie durch das Tor im Zaun zog. Jetzt merkte sie, daß der betäubende Duft aus einem Zelt drang.

Selbst die Menschen schienen dieses Meer von Gerüchen wahrzunehmen – König Kaspar glitt von seinem Kamel herab und eilte ins Zelt, gefolgt von Jäger und Falkner. Diener erschienen, um die Gepardin, den Adler und die Kamele wegzuführen. Wieder andere Diener trieben mit Hirtenstäben die

Schafe zusammen. Irgend jemand band Lila an einem Torpfosten fest und ging weg.

Lila fühlte sich sehr unbehaglich. Der Strick um ihren Hals war zu eng, und sie war so nahe am Tor angebunden, daß Menschen und Tiere beim Passieren zu dicht an ihr vorbeistreiften. Sie fletschte zwar die Zähne, wagte aber nicht zu knurren. Und das Schlimmste: In der Ferne sah sie Ima und die Schafe, die von einem Diener bewacht wurden. Er stand in der typisch überlegenen Haltung menschlicher Schäfer auf seinen Stab gestützt. Mittlerweile schnitten andere Diener Dornenzweige und schichteten sie in einem Halbkreis vor dem Zaun auf – Lila sah, daß sie einen Pferch errichteten. Die Schafe ahnten nicht, was ihnen bevorstand – sie waren so jung und unerfahren, daß sie nicht einmal wußten, was ein Pferch war, geschweige denn Angst davor hatten. Sie grasten wie üblich weiter und ahnten nichts Böses. Aber Ima sah, was sich da anbahnte. Sie graste nicht, sondern erwiderte aus der Ferne ängstlich Lilas Blick.

Genau in diesem Moment jedoch geschah etwas, das Lila ihr Leben lang nicht mehr vergessen würde – etwas so Wunderbares und Erstaunliches, daß sie all ihre Ängste vergaß. Der königliche Haushofmeister bog um die Ecke und trug eine riesige Messingplatte voller Futter vor sich her. Mit sehnsüchtigem Blick schluckte Lila und erwartete eigentlich, daß der Mann mit diesen wunderbaren Gaben an ihr vorbeigehen würde. Doch zu ihrer Verblüffung stellte er die Platte direkt vor sie hin.

So etwas hatte Lila noch nie gesehen: in Öl schwimmende Schaffleischbrocken, Haferbrotkrusten, Reste von Gerstengrütze, weiche Weinblätter und die Köpfe, Füße und Flügel vieler gebratener Tauben. Von alldem stieg der Duft des Überflusses auf, ein königlicher Duft, so intensiv, daß Lila ganz schwindlig wurde.

Sie sah ungläubig zum Haushofmeister auf, der aber freundlich darauf wartete, daß sie zu fressen begann. Lila fing an zu zittern. Man hatte ein unvorstellbares Festmahl vor sie hingestellt, und von allen Hunden der Welt sollte ausgerechnet sie davon fressen dürfen. Man bot ihr mehr Leben und Stärkung an, als sie je zuvor gesehen hatte. So etwas vermochte nur der Mensch. Sie stürzte sich auf das Futter und begann, es hinunterzuschlingen.

Plötzlich stand Yom vor ihr, so dicht, daß sich ihre Gesichter fast berührten. Er hing mit der Schnauze dicht über dem Futter, sah Lila direkt an und bat sie, mitfressen zu dürfen. Sie fraß knurrend weiter und starrte ihn drohend an. Er hielt ihrem Blick stand und senkte die Schnauze noch ein bißchen tiefer. Lila sah, daß er sehr hungrig war. Aber auch sie war hungrig und außerdem größer als er. Sie brauchte mehr zu fressen. Er senkte die Schnauze noch tiefer. Es war der Moment, in dem Lila ihn anbellen und wegbeißen mußte – denn wenn er die Schnauze nur noch ein winziges Stückchen tiefer senkte, fraß er mit. Sie machte sich bereit, ihn zu vertreiben.

Aber in diesem Moment senkte er den Blick. Lila sah, daß ihn der Mut verließ. Ein Hund wie Yom hätte sich nie gescheut, um Fressen zu kämpfen, aber offenbar wollte er nicht mit Lila kämpfen. Er sah, daß die Platte ihr zustand. Und obwohl Futter Leben bedeutet – und Hunger früher oder später den Tod –, würde er warten, was sie für ihn wählte. Lila schluckte und dachte daran, wie bereitwillig Yom sie am Vortag zu den Küchenabfällen des Gastwirts geführt hatte. Seither hatte keiner von ihnen mehr etwas gefressen. Plötzlich senkte sie den Blick, trat ein wenig zur Seite und machte ihm Platz, und im nächsten Moment schlangen sie beide, was das Zeug hielt.

Doch wenige Sekunden später jaulte Yom laut auf und rannte davon. Lila sah verwirrt und ängstlich hoch. Der Haushofmeister hatte Yom mit einem Fußtritt verjagt.

Vielleicht hatte sie sich getäuscht. Vielleicht war das Futter ja doch nicht für sie bestimmt. Aber wieder sah der Haushofmeister Lila aufmunternd an. Er wollte, daß sie fraß. Sie war der Hund eines Königs geworden und bekam die Reste von der königlichen Tafel zu fressen. Der Fußtritt hatte nur Yom gegolten. Er war ein wertloser Streuner, ein Nichts, deshalb würde man ihm auch nichts zu fressen geben. Yom hinkte ins hohe Gras am

Rand des Zeltlagers, und der Haushofmeister kehrte, zufrieden, den Köter vertrieben zu haben, zu seinen Pflichten zurück.

Lila fing wieder zu fressen an, allerdings nicht ganz so gierig wie zuvor, sie wollte sich eigentlich beherrschen und auf Yoms Rückkehr warten, aber ein paar Bissen fraß sie doch noch, allerdings so langsam, daß noch etwas übrig war, als er zurückgeschlichen kam.

Bevor der Haushofmeister Yom ein zweites Mal verscheuchen konnte, hatten die Hunde die Platte blankgeleckt.

Während Lila und Yom am Rand der Platte entlangschnüffelten, ob vielleicht unbemerkt ein paar Leckerbissen ins Gras gefallen waren, wurde der Pferch fertig, und die Diener trieben Ima und die Schafe hinein. Als sich das Gatter hinter ihnen schloß, begannen die Schafe panisch blökend durcheinanderzutrappeln. Für Lila, die gerade schläfrig das ungewohnte Festmahl verdaute, war das entsetzlich. Sofort sprang sie auf, ohne zu bedenken, daß sie ja angebunden war. Der Strick riß sie wieder zu Boden.

Es war furchtbar. Schafe durften nicht in Panik geraten, genau dafür war ein Hütehund da, daß er sie zur Vernunft brachte und beschützte. Man mußte dieses gefährliche Treiben sofort beenden, bevor sie sich verletzten. Verzweifelt zerrte Lila an dem Strick, witterte die Angst ihrer Schafe und hörte, wie sie konfus herumrannten.

Zwischendurch setzte sie sich hin, aber immer nur kurz, da sie viel zu nervös war. Immer wieder fing sie aufgeregt zu bellen an. Einmal sogar, als ein Diener vorbeiging. Der dachte, das Bellen gelte ihm, und versetzte ihr einen Fußtritt. Tapfer schnappte Yom nach ihm.

Nach Einbruch der Dunkelheit legten sich die erschöpften Hunde nieder, gerade so weit vom Torpfosten entfernt, wie Lilas Strick es zuließ. Sie fielen in einen unruhigen Schlaf. Aber ab und zu träumten sie – ab und zu sahen sie das köstliche Festmahl wieder vor sich und verschlangen es bis zum letzten schmackhaften Bröckchen. Und im Traum war Yom ebenso willkommen wie Lila.

Gegen Morgen kitzelte Lila etwas am Ohr. Sie fuhr hoch und sah Imas schmale Ziegenaugen direkt vor sich. Ima hatte sich aus dem Pferch befreit und war gerade dabei, Lilas Strick durchzukauen.

Methodisch kaute Ima vor sich hin. Lila konnte nur stillhalten, denn sie hörte, wie die Schafe durch das immer größer werdende Loch entkamen, das sicherlich von Ima stammte. Wenn Lila schon der Gedanke an die eingesperrten Schafe geschmerzt hatte, schmerzte es sie jetzt noch viel mehr, daß sie auseinanderstoben und sich in der ganzen Gegend verteilten, überall hinrannten, völlig außer Kontrolle gerieten. Zutiefst verzweifelt jaulte und scharrte sie. Aber Ima konnte nicht schneller kauen. Erst als sich im Osten der Himmel grau färbte, hatte sie es geschafft. Lila spürte plötzlich, daß sich der Druck um ihren Hals löste, und erkannte, daß sie frei war.

Sie ließ die Ohren hängen und sah Ima dankbar an. Beide wußten, daß sie sich auf den Heimweg machen mußten. Lila hob den Kopf und nahm die Witterung der verstreuten Schafe auf, um herauszubekommen, wo sie mit Suchen und Zusammentreiben anzufangen hatte. Dann sah sie, daß Ima zu dem Stern hinaufblickte.

Wie an jenem Tag, als die beiden Hirten ihn entdeckt hatten, war der Stern in der Dämmerung kaum zu sehen. Aber an diesem Morgen sträubte sich ihnen nicht mehr das Fell wie vor einem Gewitter, und obwohl Lila schnüffelte und Ima die Oberlippe hochzog, nahmen die beiden keine Spur des Sternendufts mehr wahr.

Da wußten sie, daß der Stern sie verließ. Seine Aufgabe schien erfüllt zu sein, und jetzt zog er sich wieder in seine Heimat, in die geheimnisvollen Tiefen des Himmels zurück. Das erinnerte Lila an ihren Herrn, der vor der Morgendämmerung mit der Futterschüssel zur Hochweide kam, sich dann umdrehte, wieder wegging und die Tiere sich selbst überließ.

Vor dem heller werdenden Himmel sahen die beiden Hirten eine Engelsschar, die auf sie zuflog. Erst flogen die Engel dicht zusammen, aber dann sahen die beiden Hirten, wie sie eine Reihe bildeten, die von den größten Engeln angeführt wurde. So wurden die schwächeren Engel von der Luft getragen, die die stärkeren Engel aufwirbelten. Sie flogen kraftvoll, als wären sie erst vor kurzem aufgestiegen – sie mußten Bethlehem beim ersten milchigen Morgenschimmer verlassen haben. Als sich die Schar näherte, erkannten die Hirten die Engel, denen sie am Beginn ihrer Reise begegnet waren. Wie der Stern schienen auch die Engel ihre Aufgabe erfüllt zu haben und kehrten wieder in ihre Heimat zurück.

Die beiden Hirten seufzten. Vielleicht waren sie etwas neidisch auf die Engel, die sich hoch droben in der Luft außer Reichweite von König Kaspars Dienern befanden – ungebunden wie sein Adler, schneller als seine Gepardin – und sich jetzt nach getaner Arbeit zusammen auf den Heimweg machten. Lila und Ima sahen einander an, um dieses ängstliche Verlassenheitsgefühl loszuwerden. Sie und die Schafe waren nicht in Sicherheit. Ihre Arbeit war noch nicht getan.

Aber es hatte keinen Zweck, so etwas zu denken. Die Herde war in Gefahr, und die Hirten mußten sich beeilen. Unterstützt von Yom, der die Grundregeln des Schafehütens schnell begriffen hatte, verschwand Lila im Schatten und trieb ein Schaf nach dem anderen zu Ima zurück. Manchmal blieb sie atemlos stehen und stupste eins der Schafe mit der Schnauze an. Sie konnte zwar nicht weiter als bis drei oder vier zählen, kannte aber jedes Schaf persönlich. Sie wußte, wen sie schon gefunden hatte und wer noch fehlte. Wenn

Sie versteifte sich und stemmte sich mit
aller Kraft gegen den Boden.

sie irgendein Schaf nicht bei der Herde fand, rannte sie wieder los. Endlich entdeckte sie das letzte Schaf, das sich im Dickicht versteckt hatte und sich sehr freute, als Lila auftauchte. Aber genau in dem Augenblick, als sie es zu den anderen zurücktrieb, hörte sie einen verzweifelten Schrei.

Ruckartig blieb Lila mit erhobenem Kopf stehen. Sie und Yom sahen sich um. Ima war etwas zugestoßen. Lila ließ das Schaf allein zur nahen Herde zurücklaufen, und beide Hunde rannten los.

Während Lila und Yom die Schafe zusammentrieben, hatten der Koch und sein Küchenjunge mit der Zubereitung des Frühstücks begonnen. Doch da König Kaspar nichts erlegt hatte, hatte der Koch kein Fleisch. Deshalb schickte er seinen Küchenjungen zu dem neuen Dornenpferch, um eines der Schafe zu schlachten. Kurz darauf kam der Junge allerdings zurückgerannt und meldete verzweifelt, daß alle Schafe durch ein Loch im Zaun entkommen seien. Fluchend wühlte der Koch in seinen Körben nach einem Strick. Er warf ihn dem Küchenjungen zu und befahl ihm, so lange alles abzusuchen, bis er ein Schaf finde. Der junge Mann führte respektvoll die Hand an die Stirn und eilte gehorsam davon.

Am Berghang westlich des königlichen Zeltlagers entdeckte er die dunklen Silhouetten der entlaufenen Schafe, die sich um die Ziege drängten. Die

Tiere blickten wachsam in verschiedene Richtungen, und der junge Mann merkte, daß es nicht leicht sein würde, aus dieser Herde ein Schaf zu fangen. Er zog sich lautlos zurück und suchte zwei große Steine, die er an die Enden des Stricks band. Dann pirschte er sich an seine Beute heran. Als er in der richtigen Entfernung war, wirbelte er das Seil um seinen Kopf und ließ los. Als sie die Steine durch die Luft surren hörten, schauten Ima und die Schafe erschreckt auf, aber leider zu spät – das Seil wickelte sich um Ima herum.

Sofort stoben die Schafe auseinander. Und sofort rannte der Junge herbei. Ihm war es egal, daß er statt eines Schafs eine Ziege gefangen hatte. Ziegenfleisch ist ebenso schmackhaft wie Lamm- oder Schaffleisch, und außerdem würden die Schafe ohne die schlaue Ziege später viel leichter einzufangen sein. Der Junge packte Ima bei den Hörnern und zerrte sie zum Zeltlager zurück.

Ima hatte schreckliche Angst. Sie versteifte sich und stemmte sich mit aller Kraft gegen den Boden. Sie bockte den ganzen Weg über. Der Haushofmeister und der Koch warteten mit einem scharfen Messer und einer Schüssel vor dem Zaun, um dem Küchenjungen beim Schlachten zu helfen. Imas heftige Gegenwehr belustigte sie. Sie lachten den Jungen aus, daß er solche Schwierigkeiten mit der Ziege hatte, sie beschämten ihn. Ima machte ihn zum Narren. Er schüttelte sie, als wolle er sie bitten, ein bißchen entgegenkommender zu sein.

Aber Ima kämpfte weiter, da sie genau wußte, worum es ging. Sie hatte die Schüssel und das Messer gesehen. Da sie schon beobachtet hatte, wie ihr Herr Schafe schlachtete, wußte sie, was diese Männer mit ihr vorhatten. Noch vor wenigen Minuten hatte sie ihre Herde versammelt, um die Heimreise anzutreten. Statt dessen sollte sie hier trotz all ihrer Fähigkeiten und ihrer Erfahrung von fremder Hand im Dreck sterben. Ihr lebendiges Blut würde in die Schüssel strömen, und ihr Körper würde zu Fleisch werden.

Endlich schaffte es der Küchenjunge, Ima niederzuringen. Er kniete auf ihr, um sie am Boden zu halten, und hatte sie mit der einen Hand am Horn gepackt, während er nach dem Messer faßte. In diesem Augenblick stieß sie einen verzweifelten Schrei aus.

Der Schrei hallte von den Bergen wider. In großer Entfernung hörten ihn Yom und Lila und rannten los. Auf der anderen Seite des Zeltlagers hörte ihn die Gepardin, spitzte die Ohren und sprang auf ihren Korb, um über den Zaun zu spähen. Auch die Könige in ihren Zelten hörten den Schrei, wußten, was er bedeutete, und nickten beifällig. Der Koch und der Haushofmeister kamen nicht umhin, ihn zu hören, zuckten aber nur die Schultern. Alle Tiere schreien, wenn es ans Sterben geht.

Aber den Küchenjungen verstörte irgend etwas an diesem Schrei. Während er sich anschickte, Ima die Kehle durchzuschneiden, hatte er an das Fleisch gedacht und überlegt, wieviel davon wohl für die Diener abfallen würde. Als sie schrie, hielt er inne und merkte, wie ihr Herz hämmerte. Er spürte ihren fliegenden Atem. Er spürte, daß sich ihr Horn in seiner Hand warm anfühlte. Sogar ihre Hörner waren lebendig. Und er sah, daß sie ihn anschaute, ihn in tiefster Not anflehte wie ein Lebewesen das andere. Er sah, daß sie ihn um ihr Leben bat.

Plötzlich begriff er. Sie wollte leben. Es schien alles so einfach. Das Leben der Haustiere gehörte nicht ihnen, sondern ihrem Herrn. Doch diese Ziege hatte keinen Herrn. Wie leicht wäre es, das zu tun, worum sie ihn so verzweifelt bat, und ihr das Leben zu schenken. Er brauchte nur ihr Horn loszulassen und sein Gewicht zu verlagern. Und das tat er auch. Ima sprang auf die Füße und rannte los.

Der Koch und der Haushofmeister brüllten vor Wut, und der Koch stürzte Ima mit dem Messer nach. Aber plötzlich wurde er so heftig zu Boden geschleudert, daß er japsend liegenblieb. Ein großes dunkles Tier mit langen weißen Zähnen hatte sich auf ihn gestürzt und hielt ihn mit den Vorderpfoten fest. Es war natürlich Lila, die keinen Moment zu früh gekommen war – Lila, die ihr Fell sträubte, um noch größer und gefährlicher zu wirken als sonst!

Mit so etwas hatte der Koch nicht gerechnet. Wütend wollte er mit dem Messer auf Lila einstechen. Aber schon hatte Yom nach seinem Handgelenk geschnappt und hielt es fest. Der Haushofmeister riß natürlich einen Dornenzweig aus dem Zaun, um die Hunde zu verscheuchen. Aber da waren sie schon auf und davon und rannten Ima nach, die meckernd ihren Schafen zurief, ihr zu folgen. Lila schaute sich um, ob Yom ihr auch wirklich folgte.

Bald schon rannten Lila und Yom von einem Schaf zum anderen, zwickten und bellten und trieben sie dicht hinter Ima her, die auf die Hügel zu jagte. Die Männer hatten keine Chance, sie einzuholen. Wer die Flucht mit verfolgte, zuckte die Achseln und bedauerte, daß ein so wertvoller Hund und so viel Lamm- und Schaffleisch auf Nimmerwiedersehen im Dickicht verschwanden. Nur der Jäger hatte eine Idee.

Die Gepardin hatte die ganze Zeit hoch droben auf ihrem Korb gethront und den Hals gereckt, um über den Zaun zu sehen. Als die Ziege entkam und später die beiden Hunde, hatte sie vor Aufregung den Atem angehalten. Als der Jäger sie schließlich losband, platzte sie fast vor Energie und rieb ihren Kopf an ihm. Er tätschelte sie liebevoll und deutete auf Lila, die kaum noch zu sehen war. Aber die Gepardin verstand, wie es wohl jede Katze getan hätte, die Geste falsch. Kaum spürte sie, daß der Strick sich löste, rannte sie ebenfalls los, aber nicht hinter der furchteinflößenden Lila her. Sie suchte das Weite, und niemand hätte sie aufhalten können.

Nachdem die beiden Hirten und ihre Herde die Hügel erklommen hatten, steckte Lila erst einmal die Nase in den Wind, um sich in der neuen Gegend zu orientieren, und nahm einen vertrauten Geruch wahr. Es war der Duft des königlichen Frühstücks, das während all des Tumults unbeaufsichtigt vor sich hin geköchelt hatte. Nun wehte dieser Duft nach Leben, nach Kraft mit dem Ostwind den Berg herauf, und Lila blieb unwillkürlich stehen, um ihn zu genießen. Als sie sich umdrehte, sah sie unter sich das Lager der Könige – eine malerische Szene königlichen Lebens: Luxus, Behaglichkeit, herrliches Futter – ein Leben, das ihr Leben hätte sein können. Aber Yom war nicht willkommen gewesen. Und Ima und die Schafe hatten sich in Gefahr befunden. Yom hätte man mit Steinwürfen verjagt, Ima und die Schafe wären nach und nach auf der königlichen Tafel gelandet.

Und wenn für sie im königlichen Zeltlager kein Platz war, dann war dort auch kein Platz für Lila. Sie war ein Hirte. Ihr Platz war bei denen, die man ihr anvertraut hatte und die sie beschützen mußte. Sie kannte ihre Pflicht. Und sie wollte nichts anderes tun als diese Pflicht – nicht mehr und nicht weniger. Sie wandte sich vom Anblick der Könige und ihrer königlichen Speisen ab und rannte hinter den Schafen her, um sie zur Eile anzutreiben.

ZWÖLF

Die Schafe trotteten ordentlich hinter Ima her. Lila und Yom folgten der Herde und paßten auf, daß niemand zurückblieb und keine Gefahr drohte. So zogen die Tiere wieder nach Hause. Ima und Lila schlugen zielstrebig ein mittleres Tempo an, so daß die Schafe nicht zu schnell laufen mußten, aber auch nicht trödelten. Die Hirten brauchten auch keinen Stern, der sie geleitet hätte. Fähige Tiere wissen immer, wie sie nach Hause finden.

Am vierten Abend erreichten sie das Stoppelfeld, auf dem sie den Engeln ganz zu Beginn ihrer Reise begegnet waren. In der Nähe der Eiche mit ihrem reichen Vorrat an Eicheln stießen sie wieder auf die Engel. Sie saßen windgeschützt im Schutz von Zedernbüschen um ein paar kleine Feuerstellen herum. Sie schienen nicht in Eile zu sein. An einem der Feuer stand Imas Freundin, der kleine weibliche Engel, der sie liebevoll begrüßte.

Es wäre schön gewesen, in dieser kalten Nacht mit den Engeln ein wenig am warmen Feuer zu sitzen. Aber es war schon spät, und die müden jungen

Schafe sollten nicht unbeaufsichtigt herumstreunen. Lila und Ima verständigten sich durch einen Blick; beide wollten lieber weiterziehen. Also trieb Lila mit Yoms Hilfe die Schafe, wie es sich gehörte, zusammen, und alle folgten Ima brav zum Stall ihres Herrn und Meisters. Da die Tür zu war, legten sich alle draußen zur Ruhe.

Der Herr und seine Frau waren schon im Bett und hörten die Tiere nicht, aber als sie am nächsten Morgen erwachten, dankten sie ihrem Schöpfer, daß die Herde zurückgekehrt war. Es schien sie nicht zu stören, daß ein Schaf fehlte – das Schaf, das die Gepardin gerissen hatte; entweder bemerkten sie es gar nicht, oder sie waren zu froh, daß der Rest der Herde wieder da war. Daß die Herde wohlbehalten zurück war, schrieben sie Lila zu. Sie dankten ihr und lobten sie sogar. Lila war sehr glücklich, daß sie sich so freuten. Sie bellte, wedelte mit dem Schwanz und ihrem ganzen Hinterteil und küßte ihnen die Hände. Der Herr und seine Frau waren überrascht, Yom zu sehen. Aber in diesen Tagen kümmerte man sich nicht um streunende Hunde, solange sie den Schafen nichts taten. Sie waren ein Nichts. Und obwohl der Herr und seine Frau, da sie Menschen waren, ansonsten wenig bemerkten, fiel ihnen doch auf, daß die Schafe sich vor Yom nicht fürchteten, sondern zutraulich in seiner Nähe blieben. Die einzige Sorge dieser Leute war es, daß ihren Schafen Gefahr drohen könnte. Achselzuckend wandten sie sich ab und dachten nicht weiter über Yom nach.

Bevor er die Schafe auf die Weide führte, fütterte der Herr Lila aus einer Schüssel, die Gerstengrütze und ein paar Essensreste enthielt. Ausgehungert von dem langen Marsch, steckte Lila den Kopf in die Schüssel und hätte das ganze Futter allein hinuntergeschlungen, wenn nicht Yom, ohne zu betteln oder zu drängen, tapfer danebengestanden hätte. Er sah sie hoffnungsvoll an, und so rückte sie zur Seite und ließ ihn an die Schüssel. Natürlich wollte ihn der Herr wegscheuchen, genau wie der Haushofmeister des Königs, aber Lila richtete sich auf und sah ihn so mutig und entschlossen an, daß ihm ein kleiner Schauer über den Rücken lief. Er überlegte kurz und ging zum Haus zurück, um etwas Milch und Brotkrusten zu holen. So hatten beide Hunde etwas zu fressen.

Später an diesem Morgen pfiff der Herr nach Lila, damit sie die Schafe zusammentrieb. Dann führte er sie alle auf eine Hochweide, die Lila und die Schafe gut kannten. Dort blieben sie und lebten so, wie Lila und Ima es gewöhnt waren. Und auch Yom gewöhnte sich rasch an dieses Leben mit seinen kalten Winternächten und warmen Sommertagen, erfüllt vom Duft der Zedern.

Ima träumte immer wieder von ihrem Erlebnis mit dem Küchenjungen. Sie spürte, wie sein Gewicht auf ihr lastete, wie seine starke Hand ihr Horn gepackt hielt und ihren Kopf drehte. Dann erwachte sie voller Entsetzen und mußte aufstehen, um den Traum von sich abzuschütteln. Um sich zu beruhigen, sah sie im Mondschein oder Sternenlicht zu Lila hinüber, vielleicht in der Hoffnung, daß Lila aufwachen und ihr ein Weilchen Gesellschaft leisten würde. Aber seit Lila Yom gefunden hatte, lag sie zusammengerollt an seiner Seite und schlief sehr tief. Also käute Ima eine Weile wieder und wünschte sich sehnlichst, daß sie mit anderen Ziegen zusammenleben könnte, so wie einst mit ihrer Mutter und ihrem Vater, mit ihren Tanten, Cousinen, Brüdern und Schwestern in dem Pferch, in dem sie zur Welt gekommen war.

Und dann, eines Tages im Frühherbst, als die Schafe und ihre Hirten zusammen auf dem windgepeitschten Hang einer Hochweide ruhten, hörten sie auf dem Bergkamm droben die Stimme einer Ziege. Zur gleichen Zeit trug der Wind eine Wolke von Sternenduft zu ihnen herüber, vermischt mit Ziegengeruch. Alle sahen hinauf. Es gab keinen Zweifel, da stand ein junger weiblicher Engel und neben ihm ein großer Ziegenbock.

Den Engel, der sie damals mit Eicheln gefüttert hatte und den Ima mit der stachligen Pflanze kuriert hatte, erkannten die Tiere sofort. Aber der Ziegenbock war ihnen fremd. Er schien wie ein Räuberhauptmann aus den wilden Bergen herabgekommen zu sein. Seine Schultern waren breit, sein

Die beiden Ziegen kletterten bis zur Horizontlinie und verschwanden über den Bergkamm.

Bart schwarz, seine prächtigen Hörner zeichneten sich als sensenartige Silhouetten vor der Sonne ab. Und seine golden glühenden Augen waren dem Zeigefinger des Engels gefolgt und hatten Ima entdeckt.

Er rief ein zweites Mal, lauter als zuvor. Ima beobachtete ihn gespannt. Hastig schluckte sie ihr wiedergekäutes Futter hinunter und starrte ihn direkt an. Aber sie blieb reglos liegen. Der Engel stupste den Ziegenbock aufmunternd an. Er rief erneut. Da stand Ima auf, Hinterbeine voran, und wackelte mit dem Schwanz. Sie sah den mächtigen Ziegenbock immer noch unverwandt an, dachte kurz nach und erwiderte dann schließlich gelassen, Mää-ä-ä-äh!

Seine frohe Antwort hallte von Bergen und Tälern wider. Dann eilte Ima plötzlich auf ihn zu. Sie lief den Berg hinauf, trat Steine los. Im Nu war sie bei ihm. Während sie auf ihn zu lief, zog er die Oberlippe hoch, und als sie ihn erreichte, rieben sie kurz die Nasen aneinander.

Ima blieb jedoch nicht stehen. Im Gegenteil, sie trabte an dem großen Ziegenbock vorbei. Abrupt drehte er sich um und folgte ihr. Lila sah, wie sie den Bergkamm erklommen, Ima ein kleines Stück voraus. Im Vergleich zu dem Hünen wirkte sie klein und zierlich. Und er wirkte im Vergleich zu ihr riesig und fast furchteinflößend. Lila dachte, Ima werde sich vielleicht zum Abschied noch einmal umdrehen, aber nein – Imas Blick ging in die Zukunft. Sie sah sich nicht einmal nach dem großen Ziegenbock um. Das war auch nicht nötig. Sie hörte seine Schritte hinter sich und spürte seinen Atem auf ihrer Flanke.

Der junge weibliche Engel sah ihnen nach. Dann nahm er ein paar Schritte Anlauf, erhob sich flügelschlagend in die Luft, zog einen Kreis, um sich zu orientieren, und flog zum Firmament hinauf. Die beiden Ziegen kletterten bis zur Horizontlinie und verschwanden über den Bergkamm. Lila sollte sie nie wiedersehen.

Danach nahm ein altes Mutterschaf Imas Platz als Lehrerin der jungen Schafe ein. Sie war nicht ganz so klug wie Ima und befreundete sich nicht so gut mit den Hunden, denn schließlich war sie ja ein Schaf und hatte die Gesellschaft der anderen Schafe. Sie war aber sehr nett und hatte vor Lila Respekt. Und doch vermißte Lila Ima. Manchmal fand sie Imas Spuren oder die Spuren ihres mächtigen Gefährten, und fast jedes Jahr entdeckte sie ein paar neue Spuren, deren Geruch sie an Ima erinnerte. Sie kratzte jedesmal ein Zeichen in die Erde, falls Ima wieder einmal vorbeikam. Dann würde sie wissen, daß Lila sie nicht vergessen hatte.

Was Yom und Lila betraf, so lebten sie weiter im Dienst ihres Herrn. Manchmal vertraute ihnen der Herr ein paar neue Schafe an, manchmal nahm er ein paar Schafe mit. Was mit denen geschah, wußten Lila und Yom nicht. Sie mochten alle Schafe gern und hüteten sie umsichtig und pflichtbewußt, auch wenn sie ihnen nicht so viel beibringen konnten, wie Ima es getan hatte.

Was die Liebe betraf, so liebte Lila niemanden als Yom, und Yom liebte nur Lila, vor allem nach ihrem ersten gemeinsamen Monat; denn da zeugte Yom, angezogen von dem feinen Sternenduft, den Lila in dieser Zeit des Jahres ausströmte, ein Zwillingspaar. Ihre Liebe wuchs und schloß die Neugeborenen mit ein, aber die Hündchen überlebten nicht. Wie schon zuvor fand sie der Herr und ertränkte sie aus irgendeinem unbegreiflichen Grund.

Was konnten Yom und Lila tun? Es blieb ihnen nichts übrig, als sich Jahr um Jahr zu paaren und immer wieder Junge zu bekommen, manchmal drei oder vier, einmal sogar fünf. Wenn ihre Zeit nahte, suchte Lila einen Zufluchtsort – ein Zederndickicht oder eine Höhlung unter einem überhängenden Felsen – und behielt sie dort, solange es ging. Sie preßte sie mit ihren Flanken eng an ihren Körper und zeigte sie nur Yom. Er brachte ihr Futter, damit sie ihr Versteck nicht verlassen mußte. Doch früher oder später entdeckte sie der Herr und nahm ihr die Jungen weg. Dann wurden sie von ihm oder seiner Frau entweder Fremden ausgehändigt oder ertränkt. Der

Schmerz, jedesmal ihre Kinder zu verlieren, verfolgte Lila bis in ihre Träume und ließ nie nach, auch wenn sie ihn noch so oft durchlitt. Aber zumindest hatte sie Yom, der ihren Kummer teilte und sie tröstete.

Es gab auch schöne Zeiten. Oft spielten sie miteinander und tollten über die Hänge, während die jungen Schafe zusahen. Hin und wieder fanden sie ein Stück totes Wild, oder sie raubten einem Luchs die Beute und fraßen sich richtig satt – was Ima stets besonders freute, da es sich bei dem betreffenden Luchs um das große Tier handelte, das damals, als der Stern zum ersten Mal erschienen war, die Hochweide ganz für sich allein beansprucht hatte. Lila fand, daß der Luchs kein Recht habe, hier zu sein, und sie genoß es, ihn einen Baum hinaufzujagen und ihm vor seinen Augen die Beute wegzuschnappen.

Hin und wieder bestanden die Hunde Kämpfe mit wilden Wölfen. Und dank Lila blieben sie fast immer Sieger. Doch obwohl Yom kleiner war und nicht ganz so stark, spornte er Lila an, da er so treu und beharrlich an ihrer Seite kämpfte. Durch ihn wurde sie unüberwindlich und so selbstsicher und siegesbewußt, daß sie ihre Wunden nicht spürte. Und das sprach sich in den Bergen unter den Wölfen herum. Meist gingen sie Lila aus dem Weg.

Und so gab es für die beiden Hunde Freud und Leid, Verlust und Triumph, und sie erlebten alles gemeinsam. Im tiefsten Innern waren sie dafür dankbar. Manchmal suchte Lila nachts nach dem Stern, der sie zusammengeführt hatte, und dachte sowohl mit Ehrfurcht als auch mit Staunen an ihn. Der Stern war natürlich längst verschwunden, weit hinter die Sonne zurückgekehrt. Doch Yom war noch da. Er war bei ihr und sie bei ihm. Sogar im Schlaf spürte sie, wie er sich an sie schmiegte und ihr Fell ineinander überging. Sie gehörten zueinander, und sie gehörten einander so gewiß, wie der Tag auf die Nacht folgt.

EPILOG

Haben Tiere eine Empfindung für das Göttliche? Ganz gewiß. Sie scheinen auf das Göttliche zu reagieren, wie sie es sehen, und oft zeigt es sich für sie anhand der Sonne. Eine Sonnenfinsternis zum Beispiel erfüllt Vögel mit ehrfürchtiger Scheu. Wenn sich der Himmel verdunkelt, singen sie ihre Abendlieder so zögerlich, als fühlten sie sich unbehaglich. Säugetiere verstummen und suchen oft ganz gegen ihre sonstige Gewohnheit Verstecke auf, bis die Sonne zurückkehrt.

Tiere nehmen jedoch auch den täglichen Lauf der Sonne wahr. Besonders auf den Sonnenauf- und -untergang reagieren sie so, als bestünde zwischen ihnen und der Sonne irgendeine Beziehung.

Zwei Wölfe, die inzwischen gestorben sind (vergiftet von einer Frau, die sie für bösartig hielt), pflegten vor Tagesanbruch nebeneinander an der Ostseite ihres Geheges zu sitzen und in dem Moment gemeinsam loszuheulen, wenn sich der rote Saum der Sonne über den Horizont schob. An bewölkten Tagen verhielten sie sich zur Zeit des Sonnenaufgangs ganz still. Ebenso wurde ein Löwe in Namibia dabei beobachtet, wie er auf den westlichen Horizont starrte und den Sonnenuntergang verfolgte. Kurz bevor die Sonne versank, brüllte er sie an, als kommuniziere er mit einem anderen Löwen. Manche Löwen brüllen, wenn es donnert, und antworten dem Donner wie einer vertrauten Stimme, die nach ihnen gerufen hat.

*U*nd Tiere scheinen Naturschönheiten zu schätzen. In Idaho, in den geologischen Formationen, die Silent City of Rocks genannt werden, verbrachte ein Puma seine Ruhestunden auf einem Felsvorsprung und genoß einen Ausblick, der sich so endlos weit erstreckte, daß sich die fernen Berge im Dunst verloren. In Namibia an der Skeleton Coast muß eine kleine Elefantenschar regelmäßig einen Berg erklimmen, um aus einer hochgelegenen Quelle zu trinken; diese Elefanten klettern aber noch ein Stück weiter als nötig, und zwar bis zu einer Stelle, von der aus man einen spektakulären Ausblick hat. Dort stehen sie lange Zeit vor der Felswand und starren einfach ins Weite.

Sicher ist es unsere eigene Tier-Natur, die das Göttliche der Natur in all ihrer geheimnisvollen Schönheit erkennt; und dies trotz der bedrückenden Gewohnheiten und der beschränkten Wahrnehmung, mit denen unsere Spezies geschlagen ist. Und so liegt unsere Hoffnung auf Rettung vielleicht darin, daß wir Tiere sind, und nicht darin, daß wir Menschen sind. Die Macht,

die die Sonne aufgehen läßt, der Gott, dessen Stimme wir im Donner hören –
der Gott Abrahams, Gaea, /Gao! Na – sind all diese nicht ein einziges Wesen?
Wie könnte es anders sein?

DANKSAGUNG

In einem Buch dieser Art sind die Illustrationen ebenso wichtig wie der Text, und ich bin sehr dankbar dafür, daß meine Geschichte von diesen originellen Holzschnitten begleitet wird. Ich möchte Andrew Davidson, dem Künstler, der sie geschaffen hat, meinen Dank aussprechen. Tief verpflichtet bin ich auch der Anthropologin Nancie Gonzalez. Nancie hat viel Zeit im Nahen Osten verbracht und hat mich großzügig an ihrem Wissen über jenen Teil der Welt teilhaben lassen. Ebenso zu Dank verpflichtet bin ich meinem Sohn, Ramsay Thomas, der mir mit unschätzbaren Ratschlägen zur Seite stand. Wenn dieses Buch Erfolg haben sollte, dann ist dies größtenteils sein Verdienst. Mein Dank gilt auch meiner sehr erfahrenen Lektorin Becky Saletan und meinem wunderbaren Agenten Ike Williams. Und Katy Payne für ihre Beobachtung, daß Elefanten die Aussicht auf eine Landschaft genießen. Außerdem danke ich Bruce Fox, der mir großzügig beim Cover-Foto geholfen hat. Zu Dank verpflichtet bin ich zudem einem Dingo, und zwar der inzwischen verstorbenen Viva. Sie zeigte mir, indem sie unter den Saum des bodenlangen Mantels meiner Tochter kroch, wie ängstlich Dingos auf eine Sonnenfinsternis reagieren. Ich danke einer Husky-Hündin, der verstorbenen Coki, die das Vorbild für Lila war; und einem Pariahund im Buschland von Namibia namens Gau (Der Starke), dem Vorbild für Yom; sowie einer wachsamen jungen Ziege in Idaho, deren Namen ich nicht kannte (falls sie überhaupt einen hatte) – dem Vorbild für Ima.